VIDA en ABUNDANCIA

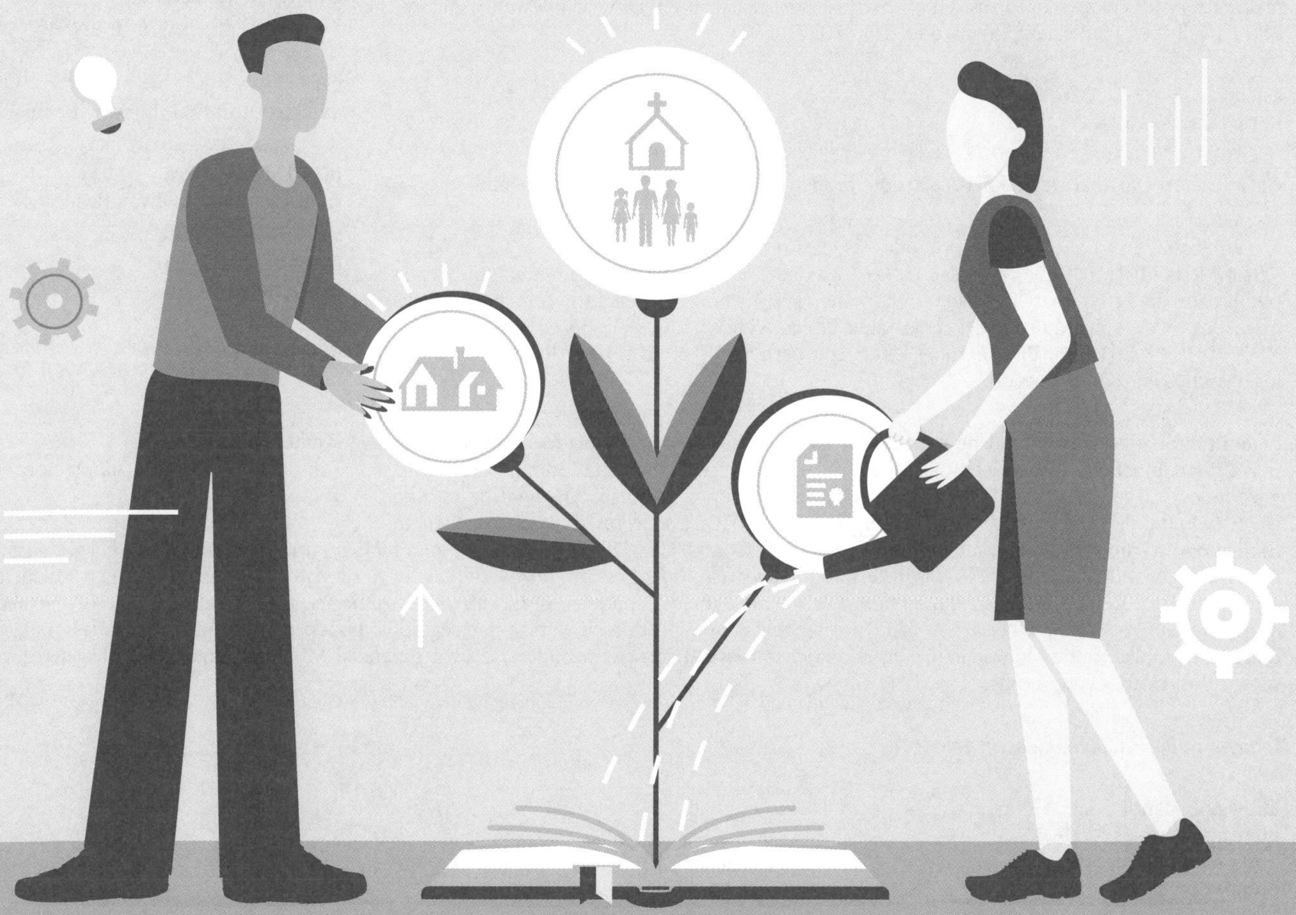

Principios bíblicos
sobre finanzas y administración
de bienes materiales

Lifeway recursos

Publicado por Lifeway Recursos® • © 2023 Crown Financial Ministries, Inc.

ISBN: 9781087773025
Ítem: 005839369

Clasificación Decimal Dewey 220.7 Estudio bíblico / 332.024 - Finanzas personales.

Impreso en los Estados Unidos de América

Lifeway Español
Lifeway Recursos
200 Powell Place, Suite 100,
Brentwood, TN 37027.

EQUIPO EDITORIAL LIFEWAY RECURSOS

Giancarlo Montemayor
Vicepresidente, Lifeway Global

Carlos Astorga
Director Editorial, Lifeway Recursos

Juan David Correa
Editor general, Lifeway Recursos

Denisse Manchego
Asistente editorial

Andrea Nulchis
Diseñadora gráfica

Pablo Barrantes Rojas
Traducción, edición y adaptación al español

Contenido

Encuentra en Jesús la vida en abundancia

El estudio que tienes en tus manos toma su título del Evangelio de Juan. Allí, luego de sanar a un ciego de nacimiento, los fariseos contendieron con el Señor cuando afirmó, **«Para juicio he venido yo a este mundo; para que los que no ven, vean, y los que ven, sean cegados»** (Juan 9:39). Ofendidos, los fariseos preguntaron **«¿Acaso nosotros somos también ciegos?»** (Juan 9:40). ¡Qué pregunta más trascendental! ¿Será que vamos por la vida hambrientos y anhelantes de saciar nuestra alma, buscando placeres y riquezas, pero ciegos, palpando en la oscuridad en búsqueda de una mejor vida que, sin saberlo, está justo frente a nosotros?

Nuestro Salvador utilizó este momento para definirse a sí mismo, como «el buen pastor» que con amor guía a Sus ovejas a los pastos más exquisitos. En efecto, los fariseos no solo eran ciegos, sino «ciegos guías de ciegos» buscando robar a las ovejas de una vida plena. Es en este momento que el Señor proclamó: **«yo he venido para que tengan vida, y para que la tengan *en abundancia*»** (Juan 10:10). Esta palabra «abundancia» en su idioma original significa «extraordinaria». Una vida que va mucho más allá de lo suficiente. Y en la revelación divina, es aquella que reconoce que **«la vida del hombre no consiste en la abundancia de los bienes que posee»** (Lucas 12:15). Nuestro Salvador declaró que la vida «extraordinaria» es aquella que comienza con Su venida, porque en Su venida, Él nos hace saber que la verdadera vida se halla y se vive en el conocimiento de Dios, y de Jesucristo (Juan 17:3); una vida que sigue los principios sabios de la Palabra de Dios. Los fariseos se pensaban ricos y sabios; sin embargo, eran **«hijos del infierno»** (Mateo 23:15). En su ceguera, no comprendían que la vida verdaderamente abundante, la vida eterna misma, se encontraba frente a sus ojos, en la persona de Jesús. Él es quien nos revela la verdad y nos lleva a una vida sabia y propiamente enfocada. ¡Una vida extraordinaria!

Este estudio dedica mucho tiempo al estudio de temas de mayordomía cristiana integral, pero su objetivo final es invitarte a vivir una vida de verdadera abundancia en comunión con Dios por medio de Jesús. Una vida que no se deleita en las riquezas materiales, sino que las administra en conformidad a los principios que Dios ha dejado en Su Palabra porque ya ha encontrado su deleite en la comunión con Dios por medio de Jesús.

Así como el ciego, luego de ser sanado, no solo encontró la vista, sino que conoció además al Buen Pastor, es el deseo de *Lifeway* y de *Crown Financial Ministries* que cada una de estas lecciones te ayude a admirar la bondad de Jesús, y la gracia y la sabiduría de Dios al otorgarte principios sabios para guiar tus decisiones como administrador de los bienes de Dios que Él ha puesto bajo tu cuidado. Es nuestra oración que, al finalizar este estudio, puedas ver a Jesús, y caminar junto a Él, siguiendo Su dirección y tomando decisiones sabias para la gloria de Dios. Solo así podrás entonces, junto a tu familia, descubrir la verdadera vida en abundancia.

Carlos N. Astorga
Director Editorial
Lifeway Global Recursos para Iglesias

Dr. Frank González
Director General de Crown Español
Crown Financial Ministries, Inc.

Cómo usar este manual de estudio

Utiliza esta guía visual para entender mejor el diseño de este manual de estudio y descubrir la forma en la que está diseñado para facilitar tu aprendizaje y ayudarte a aplicar efectivamente cada principio bíblico.

Número de sesión
Cada sesión está claramente indicada. Idealmente debes estudiar una sesión por semana. La sesión incluye una porción para el estudio en grupo, seguida de varios **DÍAS** que ofrecen actividades prácticas para llevar a cabo individualmente.

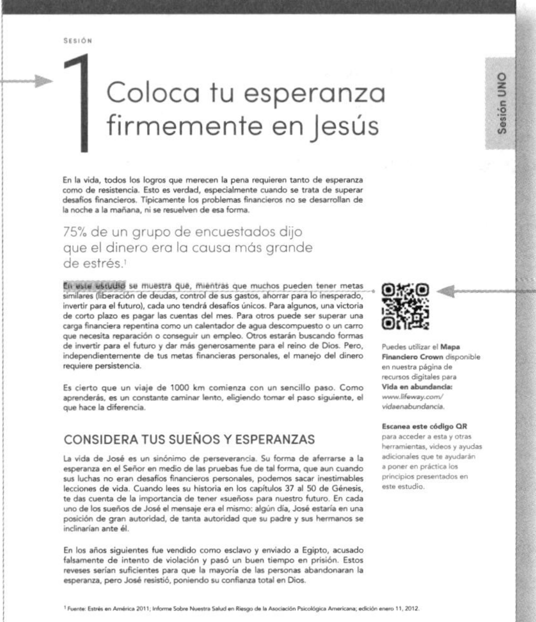

SESIÓN

1 Coloca tu esperanza firmemente en Jesús

Sesión UNO

En la vida, todos los logros que merecen la pena requieren tanto de esperanza como de resistencia. Esto es verdad, especialmente cuando se trata de superar desafíos financieros. Típicamente los problemas financieros no se desarrollan de la noche a la mañana, ni se resuelven de esa forma.

75% de un grupo de encuestados dijo que el dinero era la causa más grande de estrés.[1]

En este estudio se muestra que, mientras que muchos pueden tener metas similares (liberación de deudas, control de sus gastos, ahorrar para lo inesperado, invertir para el futuro), cada uno tendrá desafíos únicos. Para algunos, una victoria de corto plazo es pagar las cuentas del mes. Para otros puede ser superar una carga financiera repentina como un calentador de agua descompuesto o un carro que necesita reparación o conseguir un empleo. Otros estarán buscando formas de invertir para el futuro y dar más generosamente para el reino de Dios. Pero, independientemente de tus metas financieras personales, el manejo del dinero requiere persistencia.

Es cierto que un viaje de 1000 km comienza con un sencillo paso. Como aprenderás, es un constante caminar lento, eligiendo tomar el paso siguiente, el que hace la diferencia.

Puedes utilizar el **Mapa Financiero Crown** disponible en nuestra página de recursos digitales para **Vida en abundancia:** *www.lifeway.com/vidaenabundancia.*

Escanea este código QR para acceder a esta y otras herramientas, videos y ayudas adicionales que te ayudarán a poner en práctica los principios presentados en este estudio.

CONSIDERA TUS SUEÑOS Y ESPERANZAS

La vida de José es un sinónimo de perseverancia. Su forma de aferrarse a la esperanza en el Señor en medio de las pruebas fue de tal forma, que aun cuando sus luchas no eran desafíos financieros personales, podemos sacar inestimables lecciones de vida. Cuando lees su historia en los capítulos 37 al 50 de Génesis, te das cuenta de la importancia de tener «sueños» para nuestro futuro. En cada uno de los sueños de José el mensaje era el mismo: algún día, José estaría en una posición de gran autoridad, de tanta autoridad que su padre y sus hermanos se inclinarían ante él.

En los años siguientes fue vendido como esclavo y enviado a Egipto, acusado falsamente de intento de violación y pasó un buen tiempo en prisión. Estos reveses serían suficientes para que la mayoría de las personas abandonaran la esperanza, pero José resistió, poniendo su confianza total en Dios.

[1] Fuente: Estrés en América 2011; Informe Sobre Nuestra Salud en Riesgo de la Asociación Psicológica Americana; edición enero 11, 2012.

VIDA en ABUNDANCIA • 11

Escanea este código QR
A lo largo del estudio encontrarás este código QR. Puedes escanearlo con tu teléfono móvil y visitar la página de ayudas digitales. Allí encontrarás videos, formas adicionales, calculadoras, y mucho más.

Memoriza las Escrituras
La Palabra de Dios es el fundamento de los principios presentados en este estudio. Decide guardar en tu corazón tantos pasajes de las Escrituras como te sea posible. ¡Será de gran ayuda!

Preguntas de reflexión
Cada sesión incluye una serie de preguntas para ser consideradas tanto en el estudio grupal como en los días de estudio personal. Es esencial que respondas a cada una para un mayor aprendizaje.

Oración
El estudio solo será efectivo si buscamos constantemente la ayuda de Dios en oración. Te invitamos a orar sin cesar durante todo el estudio.

SESIÓN DOS

nuestras responsabilidades y cuáles son las de Dios. Sin embargo, ahora que tenemos eso claro, es muy importante reconocer que nuestro trabajo es ser buenos administradores y planificadores de nuestras finanzas. Cuando aprendemos nuestras responsabilidades y las cumplimos fielmente, entonces experimentamos contentamiento, esperanza y confianza en nuestro futuro financiero.

PREGUNTAS DE REFLEXIÓN

Lee la parábola de los talentos en Mateo 25:14-30. ¿Qué te dice esta parábola en relación con los siguientes puntos?

Nuestra autoridad como administradores.

Nuestras responsabilidades.

Ora al Señor

«Dios, sé que confías en mí como Tu administrador, has puesto en mis manos Tu tesoro y mi deseo es ser un siervo fiel, un mayordomo diligente. Ayúdame a que mi corazón, mi mente y mis acciones cambien de una forma que pueda entender que el dinero es una herramienta más a Tu servicio. No me da valor, no me define como persona, solo me ayuda a cumplir algunos propósitos en los que este recurso es necesario. Que la manera en que administro el dinero refleje una sana espiritualidad y sea también testimonio de lo que has hecho por mí. Amén».

VIDA en ABUNDANCIA • 27

Memoriza las Escrituras

Antes de iniciar tu estudio personal de esta semana, selecciona el versículo que mejor se relacione contigo y memorízalo.

- *«Bienaventurado aquel cuyo ayudador es el Dios de Jacob, cuya esperanza está en Jehová su Dios»* (Sal. 146:5).
- *«Porque en esperanza fuimos salvos; pero la esperanza que se ve, no es esperanza; porque lo que alguno ve, ¿a qué esperarlo? Pero si esperamos lo que no vemos, con paciencia lo aguardamos»* (Rom. 8:24-25).
- *«No tenga tu corazón envidia de los pecadores, antes persevera en el temor de Jehová todo el tiempo; porque ciertamente hay fin, y tu esperanza no será cortada»* (Prov. 23:17-18).

Temas de la sesión

Cada **SESIÓN** incluye temas específicos. Pon atención a cada tema y busca entender la forma en la que el estudio va construyendo una cosmovisión y un estilo de vida bíblicos.

Enseñanza y aplicación

A lo largo del estudio encontrarás secciones de enseñanza y aplicación. Cada una te ayudará a entender algún principio importante, o cómo ponerlo en acción.

SESIÓN UNO

IDENTIFICA TU RESPONSABILIDAD Y LA DE DIOS

DÍA TRES

LA PARTE DE DIOS

Mateo 11:28-30 dice: **«Venid a mí todos los que estáis trabajados y cargados, y yo os haré descansar. Llevad mi yugo sobre vosotros, y aprended de mí, que soy manso y humilde de corazón; y hallaréis descanso para vuestras almas; porque mi yugo es fácil, y ligera mi carga».** El Señor no diseñó a las personas para que lleven el yugo de las responsabilidades que solo Él puede llevar. Dios ha asumido la carga de ser el dueño de todo, de tener el control, de ser el proveedor y de disponer de todas las posesiones. Es por eso que Su yugo es fácil y ligera Su carga; el saberlo y vivirlo nos permitirá descansar.

Para la mayoría de nosotros el problema está en que no siempre reconocemos la parte de Dios. Nuestra cultura contribuye a este problema. Se piensa que Dios no tiene nada que ver con las finanzas y nosotros. De alguna manera, hemos sido influenciados por esta manera de pensar. Otra razón es que Dios ha escogido ser invisible, y tendemos a dejar de pensar en todo aquello que no vemos.

Fácilmente dejamos de reconocer que Él es el dueño de todo, que Él es quien está en control, que es Él es el proveedor para nuestras necesidades y que Él puede disponer de todas nuestras posesiones.

Después de estudiar la parte de Dios, muchos equivocadamente piensan que la autoridad y la responsabilidad que nos queda a nosotros es casi nula. Sin embargo, el Señor nos ha dado a nosotros una gran responsabilidad.

TU PARTE

La palabra que describe mejor nuestra parte es «administrador». En la Biblia, la posición de administrador conlleva una gran responsabilidad. El administrador es la máxima autoridad después del dueño y es responsable de todas las propiedades y asuntos de la casa de su señor.

A medida que estudiamos las Escrituras, vemos que Dios, como el dueño de todo, ha dado al ser humano la autoridad de ser administrador. **«Le hiciste señorear sobre las obras de tus manos; todo lo pusiste debajo de sus pies»** (Sal. 8:6).

Mientras estudiamos nuestras responsabilidades, es importante no caer en el legalismo, ni pensar que, por nuestra infidelidad al Señor, Él nos da la espalda. Debemos recordar que Dios nos ama profunda e incondicionalmente y siempre cuida de nosotros. Él nos ha dado estos principios porque quiere lo mejor para nosotros. No te desanimes, simplemente arrepiéntete de lo que no estés haciendo bien y busca la dirección de Dios para aplicar fielmente los principios aprendidos.

Es importante que entendamos dos elementos con respecto a nuestra responsabilidad.

VIDA en ABUNDANCIA • 21

Número de día

En cada sesión de estudio se incluyen tres o cuatro **DÍAS** de estudio personal. Estas secciones constituyen el corazón del estudio, ya que te llevan a aplicar los principios aprendidos. Toma el tiempo necesario cada día para trabajar en las actividades. Esto es lo que te transformará en un fiel administrador de los bienes que Dios te ha concedido.

Citas bíblicas

Al margen de muchas páginas encontrarás el texto correspondiente a cada referencia bíblica citada en el estudio. Esto te ayudará a conectar el contenido de cada sesión con la enseñanza de las Escrituras.

SESIÓN UNO

1. **Sé fiel con lo que Dios te da**
   Primero, el Señor nos pide que seamos fieles, sin importar cuánto Él nos ha confiado. La parábola de los talentos ilustra esto: **«Porque el reino de los cielos es como un hombre que yéndose lejos, llamó a sus siervos y les entregó sus bienes. A uno dio cinco talentos, y a otro dos, y a otro uno, a cada uno conforme a su capacidad…»** (Mat. 25:14-15).

   Cuando el señor volvió, pidió cuentas a sus siervos por la forma en que habían administrado sus bienes. Lee cómo el señor felicitó al siervo fiel que recibió los cinco talentos. **«… Bien, buen siervo y fiel; sobre poco has sido fiel, sobre mucho te pondré; entra en el gozo de tu señor»** (Mat. 25:21). Es interesante notar que el siervo que fue fiel con los dos talentos recibió la misma recompensa que el que tenía cinco talentos (ver Mat. 25:23). El Señor premia la fidelidad sin importar la cantidad sobre la cual somos responsables. Es requerido de nosotros ser fieles, se nos haya dado mucho o poco. Como alguien dijo una vez: «No es lo que haría si tuviera $1 000 000, si no es lo que estoy haciendo con los $10 que tengo».

«Su señor le respondió: ‹¡Hiciste bien, siervo bueno y fiel! Has sido fiel en lo poco; te pondré a cargo de mucho más. ¡Ven a compartir la felicidad de tu señor!› ».
(Mat. 25:23, NVI)

2. **Sé fiel en todas las áreas**
   En segundo lugar, debemos ser fieles con todo el dinero que se nos ha confiado. Estudia el diagrama™.

22 • VIDA en ABUNDANCIA

Ilustraciones, tablas y diagramas

A lo largo del libro encontrarás múltiples ilustraciones, tablas de trabajo y otros diagramas que *Crown Financial Ministries, Inc.* ha creado, y que te ayudarán a visualizar los principios bíblicos y aplicar lo aprendido en tu propia vida.

*«YO HE VENIDO
PARA QUE TENGAN VIDA,
Y PARA QUE LA TENGAN
EN ABUNDANCIA».*

Jesús

Juan 10:10

Introducción

Antes de sumergirnos en nuestro estudio, es importante que establezcamos el escenario que experimentarás en las próximas semanas. Este estudio sobre el manejo del dinero creado en conjunto entre la Editorial *Lifeway y Crown Financial Ministries Inc.*, fue diseñado para ayudarte a superar las luchas financieras del mundo real mediante herramientas prácticas que están a tu alcance y te servirán de guía. Pero también es un estudio bíblico para que puedas conocer la vida en abundancia que Dios tiene para ti.

La Palabra de Dios hace esta increíble afirmación: **«Toda la Escritura es inspirada por Dios, y útil para enseñar, para redargüir, para corregir, para instruir en justicia, a fin de que el hombre de Dios sea perfecto, enteramente preparado para toda buena obra»** (2 Tim. 3:16-17). ¿Lo captaste? «Toda buena obra». Significa que la Biblia no solo será nuestra autoridad cuando tratemos con los asuntos «espirituales» sino que también será nuestra guía para cada área de la vida… incluyendo cuestiones prácticas relacionadas con nuestras finanzas.

Si buscas en tu Biblia, encontrarás miles de versículos acerca de la administración del dinero.

Los principios financieros contenidos en la Palabra de Dios han superado la prueba del tiempo. Son verificables, confiables, fidedignos y dados para nuestro beneficio. No hay estándar más alto para los principios financieros que aquellos dados por Dios ¿Sabías que en la Biblia hay literalmente miles de versículos acerca de la administración del dinero y las posesiones? Podemos ver que hasta el mismo Jesús le da un enfoque particular. Es por eso que aprender a aplicar la verdad espiritual a cada una de nuestras decisiones es quizá una de las cosas más útiles que aprendamos en la vida.

Hoy hay muchas personas que se encuentran ahora mismo bajo una tremenda tensión financiera, y por ello se entiende que desearán ir directamente a las técnicas de eliminación de deudas o estrategias de inversión. Sin embargo, este estudio desde el primer capítulo te invita a poner la esperanza únicamente en Dios. Esta esperanza es el principio de una vida en abundancia, nuestra confianza en Dios, sabiendo que él obrará en nuestra vida de acuerdo con Su perfecta voluntad. Recuerda, Él no es un principio financiero. Él es el Dios todopoderoso, así que la dependencia en Él durante toda prueba es el punto de partida de tu travesía.

Te recomendamos que, como parte del inicio de este estudio, completes el Indicador MoneyLife que podrás encontrar en el siguiente enlace: https://mli2.crown.org/

Los resultados te ayudarán a entender cómo tus creencias y comportamientos afectan tu salud financiera. Es importante observar las creencias y los comportamientos de forma independiente, al mismo tiempo que se realiza un análisis comparativo de estos dos componentes. Esto te ayudará a comprender mejor la raíz de los problemas que afectan la forma en que piensas y manejas las decisiones financieras.

Puedes utilizar el **Indicador MoneyLife de Crown** disponible en nuestra página de recursos digitales para **Vida en abundancia:** *www.lifeway.com/vidaenabundancia.*

Escanea este código QR para acceder a esta y otras herramientas, videos y ayudas adicionales que te ayudarán a poner en práctica los principios presentados en este estudio.

«¡TENGAN CUIDADO!
—ADVIRTIÓ A LA GENTE—.
ABSTÉNGANSE DE TODA AVARICIA;
LA VIDA DE UNA PERSONA
NO DEPENDE DE LA ABUNDANCIA
DE SUS BIENES».

Jesús

Lucas 12:15 NVI

SESIÓN

1 Coloca tu esperanza firmemente en Jesús

Sesión UNO

En la vida, todos los logros que merecen la pena requieren tanto de esperanza como de resistencia. Esto es verdad, especialmente cuando se trata de superar desafíos financieros. Típicamente los problemas financieros no se desarrollan de la noche a la mañana, ni se resuelven de esa forma.

75% de un grupo de encuestados dijo que el dinero era la causa más grande de estrés.[1]

En este estudio se muestra que, mientras que muchos pueden tener metas similares (liberación de deudas, control de sus gastos, ahorrar para lo inesperado, invertir para el futuro), cada uno tendrá desafíos únicos. Para algunos, una victoria de corto plazo es pagar las cuentas del mes. Para otros puede ser superar una carga financiera repentina como un calentador de agua descompuesto o un carro que necesita reparación o conseguir un empleo. Otros estarán buscando formas de invertir para el futuro y dar más generosamente para el reino de Dios. Pero, independientemente de tus metas financieras personales, el manejo del dinero requiere persistencia.

Puedes utilizar el **Mapa Financiero Crown** disponible en nuestra página de recursos digitales para **Vida en abundancia:** *www.lifeway.com/vidaenabundancia.*

Escanea este código QR para acceder a esta y otras herramientas, videos y ayudas adicionales que te ayudarán a poner en práctica los principios presentados en este estudio.

Es cierto que un viaje de 1000 km comienza con un sencillo paso. Como aprenderás, es un constante caminar lento, eligiendo tomar el paso siguiente, el que hace la diferencia.

CONSIDERA TUS SUEÑOS Y ESPERANZAS

La vida de José es un sinónimo de perseverancia. Su forma de aferrarse a la esperanza en el Señor en medio de las pruebas fue de tal forma, que aun cuando sus luchas no eran desafíos financieros personales, podemos sacar inestimables lecciones de vida. Cuando lees su historia en los capítulos 37 al 50 de Génesis, te das cuenta de la importancia de tener «sueños» para nuestro futuro. En cada uno de los sueños de José el mensaje era el mismo: algún día, José estaría en una posición de gran autoridad, de tanta autoridad que su padre y sus hermanos se inclinarían ante él.

En los años siguientes fue vendido como esclavo y enviado a Egipto, acusado falsamente de intento de violación y pasó un buen tiempo en prisión. Estos reveses serían suficientes para que la mayoría de las personas abandonaran la esperanza, pero José resistió, poniendo su confianza total en Dios.

[1] Fuente: Estrés en América 2011; Informe Sobre Nuestra Salud en Riesgo de la Asociación Psicológica Americana; edición enero 11, 2012.

Ponte en los zapatos de José (o en sus sandalias como lo eran en ese entonces). Imagínate sentado en una prisión, marcando un día después del otro, preguntándote cuándo se cumpliría tu tiempo para salir. Piensa en las dudas que pasarían por tu mente conforme los días se convierten en semanas, meses y luego años. Se requeriría de una gran fe para creer en las promesas de Dios cuando todos tus sentidos físicos sugerían otra cosa.

De igual manera, nuestros problemas financieros pueden sentirse como una prisión. Pareciera que estás solo sin vislumbrar el fin de las luchas que estás enfrentando. Es ahí cuando la perseverancia se convierte en fe en Dios.

Es durante estos tiempos de prueba que debemos creer que Dios hará lo que Él dijo que hará, aun cuando nuestras circunstancias nos agobien. **«Es, pues, la fe la certeza de lo que se espera, la convicción de lo que no se ve»** (Heb. 11:1), y así será durante los períodos estresantes de la vida, cuando no podamos ver claramente, debemos mirar a Dios y a Sus promesas de la manera más ferviente.

Hay una tentación que tenemos durante las dificultades: pensar que siempre todo debería ir bien.

Podríamos comportarnos como si pensáramos que un desafío financiero, o cualquier otra adversidad en la vida es un obstáculo, y no una senda donde Dios está formando nuestro carácter. Pero la Biblia dice que **«la tribulación produce paciencia; y la paciencia, prueba; y la prueba, esperanza»** (Rom. 5:3-4).

Tribulación… Paciencia… Prueba… Esperanza.

Eso es cuando perseveramos en fe, Dios utiliza nuestras luchas para desarrollar nuestro carácter y fijar nuestra esperanza firmemente en Él.

Piensa nuevamente en la historia de José. ¿Cómo piensas que habrías reaccionado si hubieras sido vendido como esclavo por tu familia o sentenciado a prisión por un crimen que no cometiste? Sería tan fácil dejar que la amargura inundara tu espíritu. Probablemente te sentirías justificado en hacerlo debido a todo por lo que has pasado, pero José no hizo eso. Él mantuvo firmemente sus ojos en el Dios que había conocido desde su niñez, y su fe permaneció firme (ver Gén. 41:16).

«—No soy yo quien puede hacerlo —respondió José—, sino que es Dios quien le dará al faraón una respuesta favorable».
(Gén. 41:16 NVI)

Mientras José se guardó de la ira y la amargura, es seguro suponer que luchó con el desánimo y el agotamiento emocional de vez en cuando. Esto le ocurre incluso al más fuerte de nosotros; pero lo que hacemos con nuestras ansiedades y nuestra tristeza es lo que cuenta.

PREGUNTAS DE REFLEXIÓN

Comparte con el grupo por qué decidiste participar en este estudio y qué esperas obtener de la experiencia.

Te recomendamos leer o recapitular la historia de José, que se encuentra en Génesis 37–50. ¿Qué aprendiste de la vida de José sobre la importancia de perseverar en la esperanza? ¿Cuán importante es tener esperanza al abordar tus asuntos financieros?

Comparte sobre la importancia de depender de la Biblia como la fuente suprema de confianza para el consejo financiero y la sabiduría.

Ora al Señor

«Señor, mientras iniciamos el proceso de transformación que quieres para nosotros a partir de este libro, te pedimos que nos permitas tener la perseverancia de terminar lo que nos hemos propuesto empezar. Sabemos que algunas decisiones que hemos tomado en el pasado no han reflejado el deseo que tienes de que seamos administradores fieles de lo que has puesto en nuestras manos. Por favor, ayúdanos a escuchar Tu voz a través de las lecturas, las sesiones grupales, el estudio individual y las tareas prácticas. Permítenos entender cómo podemos ser verdaderos siervos fieles a Tu servicio. Amén».

Memoriza las Escrituras

Antes de iniciar tu estudio personal de esta semana, selecciona el versículo que mejor se relacione contigo y memorízalo.

- *«Bienaventurado aquel cuyo ayudador es el Dios de Jacob, cuya esperanza está en Jehová su Dios»*
  (Sal. 146:5).
- *«Porque en esperanza fuimos salvos; pero la esperanza que se ve, no es esperanza; porque lo que alguno ve, ¿a qué esperarlo? Pero si esperamos lo que no vemos, con paciencia lo aguardamos»*
  (Rom. 8:24-25).
- *«No tenga tu corazón envidia de los pecadores, antes persevera en el temor de Jehová todo el tiempo; porque ciertamente hay fin, y tu esperanza no será cortada»*
  (Prov. 23:17-18).

CONQUISTA TUS RETOS FINANCIEROS

DÍA UNO

¡Ánimo! Dios es el gran proveedor. Él no nos da más de lo que podemos soportar y Él promete no dejarnos jamás ni abandonarnos. Jesús les dijo a Sus discípulos que no permitieran que la ansiedad ganara fuerza porque tal preocupación carcome nuestra confianza en Dios.

«Considerad los cuervos, que ni siembran, ni siegan; que ni tienen despensa, ni granero, y Dios los alimenta. ¿No valéis vosotros mucho más que las aves? [...] Considerad los lirios, cómo crecen; no trabajan, ni hilan; mas os digo, que ni aun Salomón con toda su gloria se vistió como uno de ellos. Y si así viste Dios la hierba que hoy está en el campo, y mañana es echada al horno, ¿cuánto más a vosotros, hombres de poca fe?» (Luc. 12:24,27-28).

Puede parecer demasiado simple comparar lo que está ocurriendo en nuestras vidas con las flores y los pájaros. Pero esto es lo que siempre pasamos por alto: para la persona no creyente, no hay nada milagroso en que las flores florezcan, o en que los pájaros encuentren comida. Pero Jesús atribuye estas cosas directamente a la intervención de Dios. Lo mismo es verdad en nuestras vidas. A menudo, Dios trabaja a través de medios comunes. La mayor parte de nosotros no recibimos la habilidad de interpretar sueños en la forma que José lo hizo, y es improbable que los mares se separen por nosotros, pero Dios sí trabaja en nuestras situaciones. Debes estar siempre consciente de Su poder único y los medios creativos de Su provisión.

Abraza la providencia divina para experimentar paz y evitar la amargura.

Veamos por última vez la historia de José y sus hermanos. Para muchos de nosotros es más fácil identificarnos con sus hermanos que con José. Todos nosotros hemos cometido errores y hemos hecho cosas de las que no estamos orgullosos. Probablemente, nunca vendiste a alguien como esclavo, pero todos nosotros comprendemos lo que significa tener remordimientos. Al final de todo, después de que José vio las promesas de Dios cumplidas en su vida, él les dijo a sus hermanos, a los mismos hermanos que habían provocado todo el problema para él: **«Vosotros pensasteis mal contra mí, mas Dios lo encaminó a bien, para hacer lo que vemos hoy, para mantener en vida a mucho pueblo»** (Gén. 50:20).

La mano de Dios se estaba moviendo, aun en las acciones pecaminosas de los hermanos de José.

Piensa en eso. Nuestro Dios es tan grande y misericordioso que Él puede utilizar aun nuestro pecado y rebelión para producir bien. No importa nuestra situación financiera o los errores que hemos cometido en el pasado, Dios es capaz de cambiar las cosas.

Nuestra esperanza no depende del estado de la economía de nuestra nación o en el arreglo rápido de nuestra situación financiera dolorosa. Y ciertamente, no radica en nosotros mismos nuestra esperanza, **descansa en nuestro gran Dios.**

El dinero y el trabajo son las dos causas más comunes de estrés entre un grupo de encuestados.[2]

PREGUNTA DE REFLEXIÓN

Recuerda y escribe brevemente una vez en que pudiste ver la provisión de Dios manifestándose de forma milagrosa en tu vida.

Ora al Señor

«Dios, quiero reconocer que he vivido mi vida pensando que yo soy el principal proveedor de mi vida y de mi familia, que todo lo que he logrado hasta ahora ha sido por mi propio esfuerzo y que no le debo nada a nadie. Permíteme abrir mis ojos a la verdad de que cada día estás derramando Tu bendición sobre mi vida y que sin Ti no tendría ni sería nada de lo que soy. Que pueda entender que no hay situación lo suficientemente difícil para Ti. Amén».

[2] Fuente: Estrés en América 2011; Informe sobre Nuestra Salud en Riesgo de la Asociación Psicológica Americana; edición enero 11, 2012.

RECONOCE A DIOS COMO EL DUEÑO DE TODO

En las Escrituras, Dios usa más de 250 nombres para referirse a sí mismo. Pero el nombre que mejor describe la parte de Dios en el área del dinero es «Señor». Esta es la parte más importante de todo este estudio, ya que la manera como vemos a Dios determina nuestra forma de vivir. Por ejemplo, ¿por qué después de haber perdido a sus hijos y todas sus posesiones, Job aún fue capaz de adorar a Dios? Él conocía al Señor y conocía el papel del Señor como dueño de todas sus posesiones. ¿Por qué prefirió Moisés sufrir con el pueblo de Israel, abandonando todas las riquezas de Egipto? Porque Moisés conocía a Dios y lo aceptaba como su Señor. Existen tres facetas de Dios como «Señor» en el área de recursos materiales.

1. Dios es el dueño de todas las cosas

El Señor es dueño de todas nuestras posesiones. **«He aquí, de Jehová tu Dios son los cielos, y los cielos de los cielos, la tierra, y todas las cosas que hay en ella»** (Deut. 10:14). **«De Jehová es la tierra y su plenitud; el mundo, y los que en él habitan»** (Sal. 24:1).

El Señor es el Creador de todas las cosas y Él nunca ha transferido la propiedad de Su creación al hombre. Colosenses 1:17 nos dice: **«Y él es antes de todas las cosas, y todas las cosas en él subsisten»**. En este mismo instante todas las cosas subsisten porque el Señor las sostiene con Su poder. En este estudio nos daremos cuenta de que reconocer el dominio de Dios sobre todas las cosas es un elemento clave que nos permitirá dejar que Jesucristo sea el Señor de nuestro dinero y nuestras posesiones.

Dios es el Señor sobre cada cosa y decisión

Si vamos a ser verdaderos seguidores de Cristo, debemos entregarle el control de todos nuestros bienes a Él. **«Así, pues, cualquiera de vosotros que no renuncia a todo lo que posee, no puede ser mi discípulo»** (Luc. 14:33). Debemos renunciar al derecho de propiedad de todas nuestras posesiones. El Señor a veces nos prueba pidiéndonos que renunciemos a aquello que es la posesión más valiosa para nosotros.

Lee Génesis 22:12 y escribe cómo te reta el ejemplo de Abraham para renunciar a lo que crees es tu posesión más preciada:

Cuando reconocemos que Dios es dueño de todo, cada decisión que tomamos al efectuar un gasto viene a ser una decisión espiritual. Ya no le preguntamos: «Señor, ¿qué quieres que haga con *mi dinero*?», sino que decimos: «¿Señor, ¿qué quieres que haga con *Tu dinero*?». Al manejar Su dinero desde esta perspectiva, orando de acuerdo con Su voluntad, cada decisión de gastar y ahorrar se convierte en algo tan espiritual como el ofrendar.

El hecho de que Dios es el dueño de todo también influye en la manera como cuidamos las posiciones. Porque Él es dueño de la casa donde vivimos, debemos complacerle al cuidar Su casa y tenerla más limpia y mejor mantenida.

Reconoce que Dios es el dueño

Reconocer constantemente que Dios es el dueño de todo puede ser difícil. Podemos afirmar intelectualmente que Dios es el dueño de todo lo que poseemos, y sin embargo, podríamos seguir viviendo como si esto no fuera verdad. Para esto necesitamos experimentar un cambio total de nuestra mentalidad.

Las siguientes son algunas sugerencias prácticas que nos ayudarán a reconocer a Dios como el dueño de todo:

a. Durante los próximos 30 días, medita en 1 Crónicas 29:11-12 al despertarte y antes de acostarte.

b. Ten cuidado con el uso de los pronombres personales. Sustituye «mi», «mío» o «nuestro» por «Suyo», «de Él» o «del Señor».

c. Durante los próximos 30 días, ora constantemente pidiéndole al Señor que te haga consciente de que Él es el dueño de todo y de que debes estar dispuesto a renunciar a todas tus posesiones.

d. Cada vez que adquieras alguna cosa, acostúmbrate a reconocer que no te pertenece, sino al Señor.

2. Dios tiene el control sobre cada circunstancia

La segunda cosa que Dios se reservó como Su responsabilidad es el control absoluto de todas las cosas que ocurren sobre la tierra. **«Tuya es, oh Jehová, la magnificencia y el poder, la gloria, la victoria y el honor; porque todas las cosas que están en los cielos y en la tierra son tuyas. Tuyo, oh Jehová, es el reino, y tú eres excelso sobre todos»** (1 Crón. 29:11). **«Todo lo que Jehová quiere, lo hace, en los cielos y en la tierra, en los mares y en todos los abismos»** (Sal. 135:6).

Para los hijos de Dios, es importante darse cuenta de que Su Padre celestial toma aun las circunstancias que parecen devastadoras para que sean de bendición a aquellos que lo aman. **«Y sabemos que a los que aman a Dios, todas las cosas les ayudan a bien, esto es, a los que conforme a su propósito son llamados»** (Rom. 8:28).

3. Dios es el Proveedor de toda necesidad

El tercer elemento en la parte de Dios es la provisión. El Señor promete proveer para satisfacer nuestras necesidades. **«Mas buscad primeramente el reino de Dios y su justicia, y todas estas cosas os serán añadidas»** (Mat. 6:33).

En muchos hogares se ha enseñado que «el varón es el proveedor del hogar». Sabemos que eso es algo que nos enseñaron de niños y es algo muy cultural. Sin embargo, si alguna mujer todavía piensa que su esposo es el proveedor de su hogar, un día de estos ¡se llevará una gran sorpresa!

En Génesis 22:14 uno de los nombres de Dios es «Jehová proveerá». Entonces, el Señor es nuestro proveedor y Él provee algunas veces a través de la mujer, otras a través del varón, algunas veces a través de los dos y otras a través de ninguno de los dos.

Los varones no deberíamos deprimirnos cuando perdemos nuestros trabajos, porque «se supone que somos los proveedores del hogar». Deberíamos confiar en Dios para la provisión que necesitamos. Tampoco deberíamos deprimirnos si nuestras esposas ganan más que nosotros, porque no está en el varón el decidir cómo el Señor proveerá para nuestra familia, Dios cuida de Su pueblo, y no necesita una situación económica próspera para satisfacer sus necesidades.

Cuando las riquezas tienen dominio del corazón. Dios ha perdido autoridad.

–Juan Calvino

Dios usa formas diferentes y a veces sorprendentes para atender nuestras necesidades. Podría tratarse de un aumento de salario, o un regalo, o de una oferta que nos permita ahorrar dinero. Independientemente de la forma que elija, podemos confiar totalmente en Él.

Dios, tal y como se revela en las Escrituras, es muy diferente a como mucha gente se lo imagina. Con mucha frecuencia la gente no reconoce Su amor y la grandeza de Su poder. Tenemos que cambiar nuestra imagen mental de Dios procurando entender lo que la Biblia nos dice sobre Él.

Distingue entre una necesidad y un deseo

Es importante entender la diferencia entre una necesidad y un deseo. Necesidad es **todo aquello que satisface lo más básico en la vida**, como la comida, el vestido y el techo. Deseo es **todo lo que excede a nuestra necesidad**. El Señor puede proveer también para nuestros deseos, pero lo hará a Su tiempo y en la manera en que somos obedientes y nos deleitamos en Él (Sal. 37:4)

«Deléitate en el SEÑOR, y él te concederá los deseos de tu corazón». ***(Sal. 37:4 NVI)***

PREGUNTA DE REFLEXIÓN

¿Qué elementos de tu vida crees que deberían ser cambiados ante la realidad bíblica de que Dios es el proveedor, dueño y tiene el control sobre todas «nuestras» posesiones?

Ora al Señor

«Dios, en este día quiero entregar mi orgullo y resistencia ante la verdad de que me has provisto con lo necesario aun sin yo saberlo, de que eres dueño y tienes el control sobre lo que yo creo que es mío. Dios quiero darte el control sobre mi vida de manera que pueda entender que la forma en que administro y uso mis bienes es solo un reflejo externo de mi condición espiritual. Transfórmame desde adentro para que pueda reconocer que mis decisiones financieras también forman parte de mi adoración a Ti. Amén».

IDENTIFICA TU RESPONSABILIDAD Y LA DE DIOS

DÍA TRES

LA PARTE DE DIOS

Mateo 11:28-30 dice: **«Venid a mí todos los que estáis trabajados y cargados, y yo os haré descansar. Llevad mi yugo sobre vosotros, y aprended de mí, que soy manso y humilde de corazón; y hallaréis descanso para vuestras almas; porque mi yugo es fácil, y ligera mi carga».** El Señor no diseñó a las personas para que lleven el yugo de las responsabilidades que solo Él puede llevar. Dios ha asumido la carga de ser el dueño de todo, de tener el control, de ser el proveedor y de disponer de todas las posesiones. Es por eso que Su yugo es fácil y ligera Su carga; el saberlo y vivirlo nos permitirá descansar.

Para la mayoría de nosotros el problema está en que no siempre reconocemos la parte de Dios. Nuestra cultura contribuye a este problema. Se piensa que Dios no tiene nada que ver con las finanzas y nosotros. De alguna manera, hemos sido influenciados por esta manera de pensar. Otra razón es que Dios ha escogido ser invisible, y tendemos a dejar de pensar en todo aquello que no vemos.

Fácilmente dejamos de reconocer que Él es el dueño de todo, que Él es quien está en control, que es Él es el proveedor para nuestras necesidades y que Él puede disponer de todas nuestras posesiones.

Después de estudiar la parte de Dios, muchos equivocadamente piensan que la autoridad y la responsabilidad que nos queda a nosotros es casi nula. Sin embargo, el Señor nos ha dado a nosotros una gran responsabilidad.

TU PARTE

La palabra que describe mejor nuestra parte es «administrador». En la Biblia, la posición de administrador conlleva una gran responsabilidad. El administrador es la máxima autoridad después del dueño y es responsable de todas las propiedades y asuntos de la casa de su señor.

A medida que estudiamos las Escrituras, vemos que Dios, como el dueño de todo, ha dado al ser humano la autoridad de ser administrador. **«Le hiciste señorear sobre las obras de tus manos; todo lo pusiste debajo de sus pies»** (Sal. 8:6).

Mientras estudiamos nuestras responsabilidades, es importante no caer en el legalismo, ni pensar que, por nuestra infidelidad al Señor, Él nos da la espalda. Debemos recordar que Dios nos ama profunda e incondicionalmente y siempre cuida de nosotros. Él nos ha dado estos principios porque quiere lo mejor para nosotros. No te desanimes, simplemente arrepiéntete de lo que no estés haciendo bien y busca la dirección de Dios para aplicar fielmente los principios aprendidos.

Es importante que entendamos dos elementos con respecto a nuestra responsabilidad.

1. **Sé fiel con lo que Dios te da**
   Primero, el Señor nos pide que seamos fieles, sin importar cuánto Él nos ha confiado. La parábola de los talentos ilustra esto: **«Porque el reino de los cielos es como un hombre que yéndose lejos, llamó a sus siervos y les entregó sus bienes. A uno dio cinco talentos, y a otro dos, y a otro uno, a cada uno conforme a su capacidad...»** (Mat. 25:14-15).

   Cuando el señor volvió, pidió cuentas a sus siervos por la forma en que habían administrado sus bienes. Lee cómo el señor felicitó al siervo fiel que recibió los cinco talentos. **«... Bien, buen siervo y fiel; sobre poco has sido fiel, sobre mucho te pondré; entra en el gozo de tu señor»** (Mat. 25:21). Es interesante notar que el siervo que fue fiel con los dos talentos recibió la misma recompensa que el que tenía cinco talentos (ver Mat. 25:23). El Señor premia la fidelidad sin importar la cantidad sobre la cual somos responsables. Es requerido de nosotros ser fieles, se nos haya dado mucho o poco. Como alguien dijo una vez: «No es lo que haría si tuviera $1 000 000, si no es lo que estoy haciendo con los $10 que tengo».

«Su señor le respondió: ‹¡Hiciste bien, siervo bueno y fiel! Has sido fiel en lo poco; te pondré a cargo de mucho más. ¡Ven a compartir la felicidad de tu señor!› ».
(Mat. 25:23, NVI)

2. **Sé fiel en todas las áreas**
   En segundo lugar, debemos ser fieles con todo el dinero que se nos ha confiado. Estudia el diagrama™.

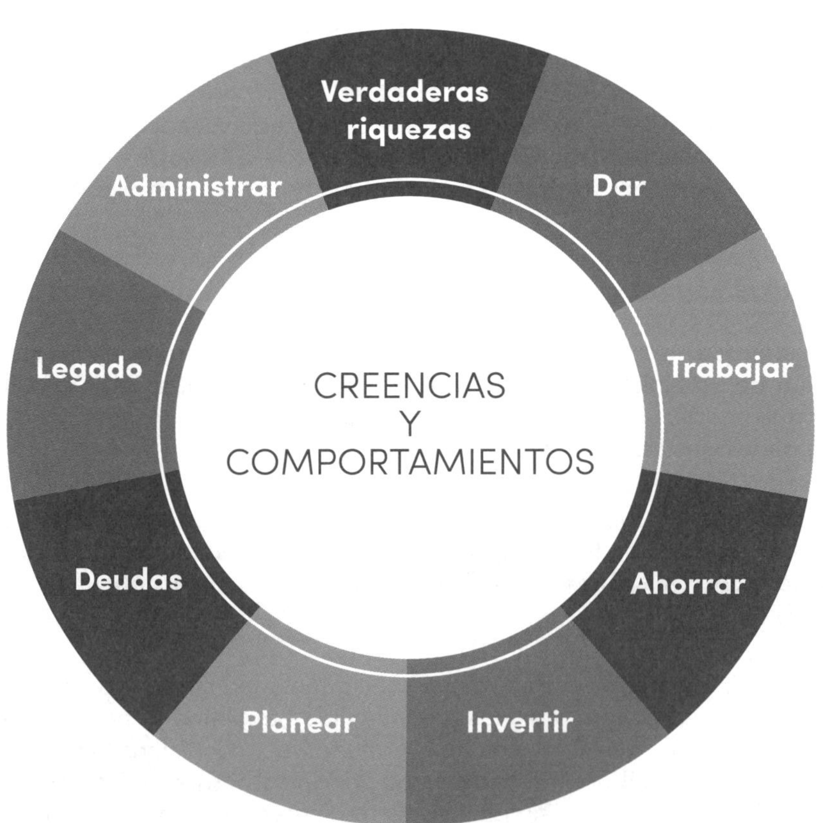

Dios nos exige ser fieles con el 100 % de nuestro dinero, no solamente con el 10 %. En la iglesia se nos ha enseñado muy bien a ser fieles en el área de dar el diezmo. Aunque esta área es muy importante, hemos dejado que el cuerpo de Cristo aprenda a usar el 90 % restante desde la perspectiva del mundo y no desde la perspectiva de nuestro Señor.

Como resultado de no saber usar el dinero bíblicamente, muchos cristianos tienen una actitud equivocada acerca de sus posesiones. No tenemos «criterio bíblico» para tomar decisiones económicas. Esto nos lleva a usar el criterio del mundo (la televisión, los periódicos, los amigos, las redes sociales, entre otros) y a tomar decisiones financieras equivocadas. Por ende, sufrimos dolorosas consecuencias. Oseas 4:6 nos dice: **«Mi pueblo fue destruido, porque le faltó conocimiento».**

Pudiera parecer difícil para el cristiano ser fiel en todas estas áreas. Sin embargo, existen algunos beneficios muy importantes al convertirnos en administradores fieles, entre los cuales podemos encontrar **una comunión más íntima con Jesús, el desarrollo de nuestro carácter y tener finalmente nuestras finanzas en orden.**

El carácter no se puede desarrollar en facilidad y tranquilidad. Solo a través de la experiencia de prueba y sufrimiento puede el alma ser fortalecida, la ambición inspirada y el éxito alcanzado.

—Helen Keller

CONSIDERA LOS PRINCIPIOS SOBRE LA FIDELIDAD

1. **Sé fiel y no derroches lo que el Señor te ha dado.**
   «... Había un hombre rico que tenía un mayordomo, y este fue acusado ante él como disipador de sus bienes. Entonces le llamó, y le dijo: ¿Qué es esto que oigo acerca de ti? Da cuenta de tu mayordomía, porque ya no podrás más ser mayordomo» (Luc. 16:1-2).

   Hay dos principios en este pasaje que podemos aplicar a nosotros. En primer lugar, cuando derrochamos el dinero, esto llega al conocimiento del público y estamos dando un mal testimonio. En segundo lugar, el Señor nos quitará la responsabilidad de administrar lo que nos ha dado si lo derrochamos.

2. **Sé fiel aun en las cosas pequeñas.**
   «El que es fiel en lo muy poco, también en lo más es fiel; y el que en lo muy poco es injusto, también en lo más es injusto» (Luc. 16:10).

   ¿Cómo sabes si tu hijo cuidará de su primer automóvil? Observa cómo cuida su bicicleta. ¿Cómo puedes saber si un vendedor hará un buen trabajo con un cliente importante? Mira el servicio que le da a un cliente pequeño. Si tenemos el carácter para ser fieles en las cosas pequeñas, el Señor sabe que nos puede dar mayores responsabilidades. **«Las cosas pequeñas son cosas pequeñas, pero la fidelidad con una pequeña cosa, ¡eso sí es una gran cosa!».**

3. **Sé fiel con las posesiones de otros.**
   En alguna medida. Nuestra fidelidad con las posesiones de otros determinará cuánto se nos dará. **«Y si en lo ajeno no fuisteis fieles, ¿quién os dará lo que es vuestro?»** (Luc. 16:12).

   Hay algunas personas en las que uno no puede confiar, debido a que han sido infieles con las posesiones de otros. Este es un principio que generalmente se pasa por alto. ¿Eres fiel con las posesiones de otros? Si alguien te ha prestado dinero, ¿has sido fiel en devolvérselo? ¿Eres cuidadoso con los materiales de oficina que hay en tu trabajo? ¿Ahorras electricidad cuando te encuentras hospedado en un hotel? ¿Cuando alguien te presta algo, lo devuelves en buenas condiciones?

   No entender los principios financieros de Dios, el no tener «criterio bíblico» en el manejo del dinero, suele llevarnos a tener principios de vida incorrectos. Los principios y valores incorrectos nos llevan a actitudes incorrectas. Y las actitudes incorrectas nos llevan a tomar malas decisiones en el campo financiero. Muchos de los problemas económicos que sufrimos tienen que ver con la falta de conocimiento de los principios divinos para tomar decisiones económicas.

PREGUNTA DE REFLEXIÓN

Si Dios es el proveedor y promete que no nos faltará nada, ¿cuál crees que debe ser tu actitud de responsabilidad frente al trabajo y al manejo de tus finanzas?

Ora al Señor

«Señor, ayúdame a entender cómo ser un administrador fiel de los bienes que has puesto en mis manos. Sabes que muchas veces en vez de ser cuidadoso, he derrochado y malgastado lo que me diste. Transfórmame desde adentro y permíteme entender el modelo de administración responsable que quieres para mi propia libertad. Que pueda disfrutar de Tu bendición mientras cuido incluso las pequeñas cosas que me das y que muchas veces creo son mi derecho. Que pueda encontrar Tu gozo en este proceso, en el nombre de Jesús. Amén».

SESIÓN

2 Planea con sabiduría

En el mundo hay dos sistemas económicos: la economía del hombre y la economía de Dios. Las Escrituras nos revelan la economía de Dios con gran detalle.

Es importante notar que a veces la economía del hombre y la economía de Dios se contradicen. Esto no debe sorprenderte. Isaías 55:8 dice: **«Porque mis pensamientos no son vuestros pensamientos, ni vuestros caminos mis caminos, dijo Jehová».** La diferencia más importante entre la economía del hombre y la de Dios, entonces, es Dios mismo. Tan elemental como suena, esta diferencia tiene implicaciones prácticas y profundas. En la economía de Dios, el Señor personal y viviente es central. Él juega el papel dominante.

Desde la perspectiva del hombre, la economía de Dios es un «salto de fe» poco práctico. En algunos casos, no sigue la lógica del mundo porque Dios ha escogido ser invisible y operar en un reino sobrenatural que no se ve. La persona que aún no conoce al Señor es incapaz de entender la economía de Dios, en la cual es imprescindible planificar y ordenar nuestras finanzas al ser hijos de un Dios planificador y ordenado.

1 Corintios 2:14-15 dice: **«Pero el hombre natural no percibe las cosas que son del Espíritu de Dios, porque para él son locura, y no las puede entender, porque se han de discernir espiritualmente. En cambio el espiritual juzga todas las cosas; pero él no es juzgado de nadie».**

CONOCE LO QUE LA BIBLIA DICE SOBRE EL DINERO

Hay aproximadamente 500 versículos que hablan de la oración, menos de 500 que hablan de la fe; pero hay más de 2350 versículos que hablan sobre cómo manejar el dinero y las posesiones materiales. Es más, Jesucristo mencionó más el dinero que cualquier otra cosa.

Debemos preguntarnos: ¿por qué Jesús habló tanto del dinero? Él vivió en una sociedad mucho más simple que la nuestra. Él nunca fue tentado por los engaños de las tarjetas de crédito, y me imagino que ¡nunca tuvo que reconciliar Su estado bancario! Nuestro Señor habló tanto del dinero por las siguientes razones:

1. **La manera en que manejas tu dinero afecta tu relación con el Señor.**
   En Lucas 16:11 leemos: **«Pues si en las riquezas injustas no fuisteis fieles, ¿quién os confiará lo verdadero?».** En este versículo Jesús iguala la forma en que manejamos nuestro dinero con la calidad de nuestra vida

espiritual. Si manejamos el dinero de acuerdo con los principios de la Palabra, nuestra relación con Jesús será más profunda. Por el contrario, si somos irresponsables en el uso de nuestro dinero, nuestra relación con Cristo se verá afectada. Esto lo vemos ilustrado claramente en la parábola de los talentos. El Señor le dice al siervo que había manejado el dinero con responsabilidad: **«Y su señor le dijo: Bien, buen siervo y fiel; sobre poco has sido fiel, sobre mucho te pondré; entra en el gozo de tu señor»** (Mat. 25:21). Si manejamos el dinero desde la perspectiva de las Escrituras, tendremos la oportunidad de entrar en el gozo de una relación más íntima con nuestro Señor. Lamentablemente, esta es una verdad bíblica fundamental que la mayoría de las personas no ha tomado seriamente.

2. **La manera en que manejas tu dinero es una expresión externa de tu condición espiritual.**
   Lucas 16:10 dice: **«El que es fiel en lo muy poco, también en lo más es fiel; y el que en lo muy poco es injusto, también en lo más es injusto».** El área del manejo del dinero es una de esas áreas de «lo muy poco». ¿Por qué lo decimos? Porque ¿quién sabe cómo estás manejando tu dinero? El área del manejo del dinero es un área «secreta» en nuestra vida. La forma en la que cada uno de nosotros tomamos decisiones económicas muestra los principios y valores que tenemos en la vida. Si decides sobornar a un policía, pasar algún equipo de contrabando por la aduana, mentir en tu declaración de impuestos o descargar películas, software o videojuegos de manera ilegal, esas decisiones económicas simplemente muestran qué es lo que realmente valoras en tu vida (tu tiempo, tu dinero) y qué lugar ocupa la Palabra de Dios y Jesucristo mismo en el trono de tu corazón.

3. **Los bienes materiales compiten con Dios por el primer lugar en tu vida.**
   La Palabra de Dios habla tanto sobre el dinero, porque el dinero es el mayor rival que tiene Jesucristo por el señorío de nuestras vidas. Jesús nos dice que debemos escoger servir a uno solo de estos dos señores: **«Ninguno puede servir a dos señores; porque o aborrecerá al uno y amará al otro, o estimará al uno y menospreciará al otro. No podéis servir a Dios y a las riquezas»** (Mat. 6:24). Es imposible servir al dinero, aunque sea solo un poco, y aun así servir al Señor. Durante el tiempo de las cruzadas en el siglo XII, los cruzados compraban los servicios de mercenarios para que pelearan por ellos. Dado que era una guerra «religiosa», los cruzados insistían en que los mercenarios debían bautizarse antes de ir a pelear. Mientras eran bautizados, los mercenarios mantenían sus espadas fuera del agua, simbolizando así que Jesucristo tenía el control de toda su vida, menos de lo que hicieran sus espadas. Hoy muchas personas hacen lo mismo con su dinero. Algunos cristianos mantienen su billetera o bolso «fuera del agua» como diciendo: «Dios, eres Señor de toda mi vida, menos de la forma en la que tomo decisiones económicas, de eso me encargo yo perfectamente».

4. **Gran parte de tu vida gira alrededor del dinero.**
   El Señor habló tanto del dinero porque sabía que gran parte de nuestra vida gira alrededor de él.

   Piensa: ¿cuánto tiempo durante la semana lo dedicas a trabajar para ganar dinero, para ahorrarlo o invertirlo? Dedicamos una cantidad de tiempo muy importante a la obtención y al uso del dinero. Dios nos ha preparado para esta tarea dejándonos la Biblia como Su guía para nuestro diario vivir.

La semana pasada estudiamos que en el manejo del dinero tanto Dios como nosotros tenemos una responsabilidad. Las mayores frustraciones que experimentamos en el uso del dinero son el resultado de no conocer cuáles son nuestras responsabilidades y cuáles son las de Dios. Sin embargo, ahora que tenemos eso claro, es muy importante reconocer que nuestro trabajo es ser buenos administradores y planificadores de nuestras finanzas. Cuando aprendemos nuestras responsabilidades y las cumplimos fielmente, entonces experimentamos contentamiento, esperanza y confianza en nuestro futuro financiero.

PREGUNTAS DE REFLEXIÓN

Lee la parábola de los talentos en Mateo 25:14-30. ¿Qué te dice esta parábola en relación con los siguientes puntos?

Nuestra autoridad como administradores.

Nuestras responsabilidades.

Ora al Señor

«Dios, sé que confías en mí como Tu administrador, has puesto en mis manos Tu tesoro y mi deseo es ser un siervo fiel, un mayordomo diligente. Ayúdame a que mi corazón, mi mente y mis acciones cambien de una forma que pueda entender que el dinero es una herramienta más a Tu servicio. No me da valor, no me define como persona, solo me ayuda a cumplir algunos propósitos en los que este recurso es necesario. Que la manera en que administro el dinero refleje una sana espiritualidad y sea también testimonio de lo que has hecho por mí. Amén».

Memoriza las Escrituras

Antes de iniciar tu estudio personal de esta semana, selecciona el versículo que mejor se relaciona contigo y memorízalo.

- *«Los pensamientos del diligente ciertamente tienden a la abundancia; mas todo el que se apresura alocadamente, de cierto va a la pobreza»*

  (Prov. 21:5).

- *«Prepara tus labores fuera, y disponlas en tus campos, y después edificarás tu casa»*

  (Prov. 24:27).

- *«Los pensamientos son frustrados donde no hay consejo; mas en la multitud de consejeros se afirman»*

  (Prov. 15:22).

DECIDE PLANIFICAR

La planificación cuidadosa es esencial para superar los desafíos financieros. También nos capacita para perseguir una vida llena de significado y propósito.

Durante la Segunda Guerra Mundial, Winston Churchill expresó la famosa frase: «Quien falla para planear está planeando para fallar». Esto tiene sentido cuando estás guiando una nación durante un periodo de guerra o creando un plan financiero sensato para la vida.

Piensa sobre tus finanzas. Como en cualquier proyecto, hay muchas piezas y partes, muchas metas que alcanzar y están allí destinadas a hacer sorpresas en el camino. Sería insensato pensar que podemos tener éxito sin disponer de un plan en marcha y un compromiso para aferrarnos a ese plan.

Jesús dijo una vez: **«Porque ¿quién de vosotros, queriendo edificar una torre, no se sienta primero y calcula los gastos, a ver si tiene lo que necesita para acabarla? No sea que después que haya puesto el cimiento, y no pueda acabarla, todos los que lo vean comiencen a hacer burla de él, diciendo: Este hombre comenzó a edificar, y no pudo acabar»** (Luc. 14:28-30).

Aunque Jesús estaba hablando sobre el costo de seguirle a Él, esta ilustración puede aplicarse también a nuestras finanzas. Nadie comienza en la vida planificando luchar para llegar a fin de mes o vivir con el peso abrumador de las deudas. Sin embargo, si no hacemos un plan para enfrentar lo inesperado, podemos terminar como el hombre de la historia de Jesús, mirando hacia una torre de caos financiero a medio construir, sin los medios y la estrategia para hacer las cosas bien.

DÍA UNO

Puedes utilizar las **Guía de gastos** disponible en nuestra página de recursos digitales para **Vida en abundancia:** *www.lifeway.com/vidaenabundancia.*

Escanea este código QR para acceder a esta y otras herramientas, videos y ayudas adicionales que te ayudarán a poner en práctica los principios presentados en este estudio.

Más de la mitad de un grupo de adultos encuestados (56 %) admiten que no tienen un presupuesto.[3]

PLANIFICA Y ENCUENTRA LIBERTAD

No es coincidencia que las palabras, la disciplina y el discípulo compartan una raíz común. Un discípulo con el tiempo aprende a seguir a su maestro, pero no ocurre de golpe. En 1 Corintios, Pablo compara el entrenamiento espiritual con el entrenamiento atlético. Escribe: **«¿No sabéis que los que corren en el estadio, todos a la verdad corren, pero uno solo se lleva el premio? Corred de tal manera que lo obtengáis. Todo aquel que lucha, de todo se abstiene; ellos, a la verdad, para recibir una corona corruptible, pero nosotros, una incorruptible»** (1 Cor. 9:24-25).

Así como no puedes competir como corredor sin el entrenamiento apropiado, también nuestras vidas financieras requieren disciplina. Tenemos que ser consistentes en nuestras disciplinas diarias y ser dedicados para alcanzar nuestras metas. Pero más que eso, necesitamos conocer y seguir los caminos y maneras de Dios, si es que alguna vez queremos llegar a conocer la verdadera libertad financiera.

[3] Fuente: 2012, Encuesta sobre Alfabetización Financiera. Fundación para Asesoría Crediticia y la Network Branded Prepaid Card Association.

Sería insensato pensar que podemos tener éxito sin disponer de un plan en marcha y un compromiso para aferrarnos a ese plan.

Durante Su ministerio terrenal, Jesús habló sobre el dinero y nuestros corazones, ya que **la manera en que manejamos el dinero es un indicador externo de nuestra condición espiritual.** Así que, si nuestros corazones están llenos de codicia y avaricia, nuestras finanzas reflejarán codicia y avaricia. Si nuestros corazones están llenos del deseo de hacerse rico rápidamente, nuestras finanzas lo revelarán. Si nuestros corazones carecen de contentamiento, nuestras finanzas lo revelarán.

El primer y más importante paso para cambiar nuestros corazones es reconocer que no somos propietarios, sino administradores temporales. Dios lo posee todo, literalmente. Nosotros no poseemos nada, literalmente. La Biblia dice que nacemos desnudos y retornaremos desnudos al polvo. ¡En los desnudos no hay bolsillos! Simplemente administramos dinero y posesiones por una temporada corta.

Así que nuestros planes no deberían ser volvernos constructores de riquezas, sino fieles trabajadores y administradores de lo que Dios nos ha confiado, sea mucho o poco.

1/3 de los adultos de una nación o más de 77 millones no pagan sus deudas a tiempo.[4]

CONVIÉRTETE EN UN PLANIFICADOR

Un mito acerca de la planificación es que hace la existencia aburrida. ¡Realmente lo opuesto es la verdad! Más que volverse una restricción de libertad y un impedimento al gozo, cuando se hace de forma apropiada, la planificación permite mayor libertad, reduce el estrés y crea más deleite. Si estamos hablando de finanzas o de la vida en general, la planificación nos posibilita invertir un poco de tiempo y energía ahora, para que en el futuro inmediato estemos en una posición más fuerte para servir a otros.

Planifica correctamente para tener mayor libertad, menos estrés y más deleite.

Cuando a Nehemías, el gobernador de Judá, le fue encargada la reconstrucción de las murallas de Jerusalén, enfrentó desafíos de los residentes y de enemigos foráneos. Él planificó para lo peor: **«Desde aquel día la mitad de mis siervos trabajaba en la obra, y la otra mitad tenía lanzas, escudos, arcos y corazas; y detrás de ellos estaban los jefes de toda la casa de Judá. Los que edificaban en el muro, los que acarreaban, y los que cargaban, con una mano trabajaban**

[4] Fuente: 2012, Encuesta sobre Alfabetización Financiera. Fundación para Asesoría Crediticia y la Network Branded Prepaid Card Association.

en la obra, y en la otra tenían la espada. Porque los que edificaban, cada uno tenía su espada ceñida a sus lomos, y así edificaban; y el que tocaba la trompeta estaba junto a mí» (Neh. 4:16-18).

Enfrentado a tan tremendos retos, Nehemías ideó una solución creativa. Si él hubiera dejado que sus hombres se concentraran únicamente en la construcción, habrían sido blancos fáciles para sus enemigos, especialmente sin ninguna muralla. No obstante, si hubiera levantado un ejército para luchar, la muralla nunca se habría construido. Así que hizo algo extraño: convirtió a cada constructor en un soldado y a cada soldado en un constructor. Mediante la planificación, Nehemías fue capaz de hacer más cosas con menos y evitar la catástrofe.

Planifica y tendrás el tiempo para considerar lo que, bajo condiciones normales de vida, parecería estar fuera de lugar.

Cuando se trata de nuestras finanzas, podríamos tener que hacer lo mismo. Así que piensa en tus retos y considera lo que podrías requerir para hacer frente a esos desafíos. Por ejemplo, si tu principal lucha es la deuda, ¿qué podrías hacer para mantener tu presupuesto bajo control? Considera ideas radicales. Recuerda, la planificación te da el tiempo para considerar lo que parecería, bajo condiciones normales de vida, estar fuera de lugar. Cualquier cosa que consideres, piensa en los pros y contras, considera tus fortalezas y debilidades, y ora sobre tus opciones. ¡Es posible que te sorprendas con lo que obtendrás!

Si te es difícil crear un plan, busca ayuda de otros. Es probable que muchas de las personas que Dios ha colocado en tu vida estén capacitadas para hacer planificaciones.

Planifica por adelantado. No estaba lloviendo cuando Noé construyó el arca.

—Anónimo.

PREGUNTAS DE REFLEXIÓN

¿Cómo es que una apropiada planificación se relaciona con el tomar decisiones sabias sobre el gasto?

¿Puedes recordar alguna vez en el pasado en la que la falta de planificación te causó dolor financiero?

Ora al Señor

«En este día quiero poner mi vida en Tus manos. Sé que en ocasiones he dejado de ser cuidadoso y no he realizado mi parte al administrar los talentos que me diste. Dios, que hoy pueda entender que el ser intencional en la planificación del uso del dinero es una forma de darte gloria y de cuidar los bienes que te pertenecen. Permíteme hallar gozo en este proceso de planeamiento, de manera que pueda entender que más que un límite, puedo encontrar libertad para lograr los propósitos que tienes para mí. Amén».

VIVE CON CONTENTAMIENTO

DÍA DOS

APRENDE A TENER CONTENTAMIENTO

El apóstol Pablo escribió en 1 Timoteo 6:8: **«Así que, teniendo sustento y abrigo, estemos contentos con esto».** Nuestra sociedad opera conforme al supuesto de que las posesiones son iguales a la felicidad y que más es siempre mejor. La mayoría de las veces que la palabra «contentamiento» aparece en la Biblia se relaciona con dinero.

Pablo escribió: **«No digo esto porque esté necesitado, pues he aprendido a estar satisfecho en cualquier situación en que me encuentre. Sé lo que es vivir en la pobreza, y lo que es vivir en la abundancia. He aprendido a vivir en todas y cada una de las circunstancias, tanto a quedar saciado como a pasar hambre, a tener de sobra como a sufrir escasez. Todo lo puedo en Cristo que me fortalece»** (Fil. 4:11-13). Pablo «aprendió» a estar contento. Él no nació con este instinto y tampoco nosotros; debemos desarrollarlo intencionalmente.

Se dice que los vendedores necesitan solo seis expresiones para crear descontento y crear un deseo para hacer una compra: **«más grande»**, **«más rápido»**, **«mejor»**, **«más»**, **«más barato»**, **«más ágil»**. ¿Funcionan, no es cierto?

El diagrama de abajo ilustra 3 elementos para el secreto del contentamiento.

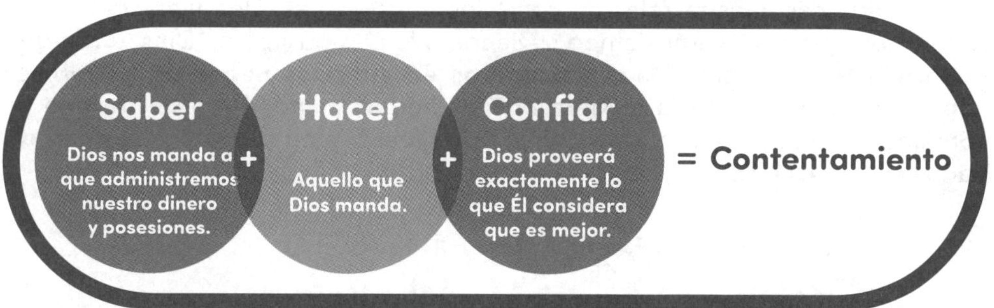

No es suficiente con solo saber los requerimientos que Dios tiene para tener contentamiento; hacerlos es la clave. Podemos confiar en que nuestro amado Padre celestial proveerá exactamente lo que Él sabe que es mejor para nosotros en cualquier momento específico. El contentamiento bíblico no tiene nada que ver con la pereza o apatía. Debido a que servimos a un Dios vivo y dinámico, los cristianos deberíamos buscar oportunidades para crecer.

El contentamiento no es complacencia, por eso no excluye la ambición apropiadamente motivada. En lugar de ello, fielmente maximiza los talentos y las posesiones que te han sido confiadas. El contentamiento bíblico es una paz interna que acepta lo que Dios ha escogido para nuestra vocación actual y situación financiera. **«Sean vuestras costumbres sin avaricia, contentos con lo que tenéis ahora; porque él dijo: No te desampararé, ni te dejaré»** (Heb. 13:5).

NO DETERMINES TU ESTILO DE VIDA COMPARÁNDOLO CON EL DE OTROS

Algunas personas utilizan la comparación para justificar el gasto excesivo que realizan. Muchos han sufrido financieramente debido a que insistieron en «mantenerse a la par de los López», aun cuando no podían. Justo cuando parece que ya tienes todo lo que los López tienen, ¡ellos se endeudaron más y compraron más cosas!

DISFRUTA LIBREMENTE DE CUALQUIER COSA QUE DIOS TE PERMITA COMPRAR

Debes someter tus decisiones de gasto a Dios en oración, pero buscar Su dirección no significa que gastemos solo en las necesidades básicas. **«Porque todo lo que Dios creó es bueno, y nada es de desecharse, si se toma con acción de gracias»** (1 Tim. 4:4).

HAZ UN ESFUERZO POR VIVIR MÁS SENCILLAMENTE

Toda posesión requiere tiempo y a menudo dinero, tanto para usarla como para mantenerla. Querer tener más posesiones demanda tiempo y dinero y pueden llegar a arruinar nuestra relación con Dios y los demás. Una vida tranquila y simple nos permite invertir tiempo sirviendo a los propósitos de Dios. **«… y que procuréis tener tranquilidad, y ocuparos en vuestros negocios, y trabajar con vuestras manos de la manera que os hemos mandado, a fin de que os conduzcáis honradamente para con los de afuera, y no tengáis necesidad de nada»** (1 Tes. 4:11-12).

> Sinceramente creo que una vez que los cristianos hayan sido educados en el plan de Dios para sus finanzas, encontrarán una libertad que no habían conocido nunca.
>
> —Larry Burkett.

APRENDE A DISTINGUIR NECESIDADES, GUSTOS Y DESEOS

El Señor nos instruye a estar contentos cuando nuestras necesidades básicas son satisfechas. **«Así que, teniendo sustento y abrigo, estemos contentos con esto»** (1 Tim. 6:8). Es importante entender la diferencia entre una necesidad, un gusto y un deseo. Las necesidades son elementos básicos de la vida, como la comida, ropa y techo. Los gustos son buenos, pero no necesarios para la supervivencia, mientras que los deseos son típicamente más extravagantes. Dios nos puede permitir tener algunos de nuestros gustos y deseos, pero Él no ha prometido proveerlos todos.

	Necesidades	Gustos	Deseos
Ropa	Tiendas de descuento o ropa usada	Gran almacén	Etiquetas de diseñador o hechos a la medida
Comida	Atún	Camarón	Langosta
Transporte	Automóvil usado o transporte público	Automóvil de lujo nuevo o usado	Automóvil nuevo lujoso

CONSEJOS PARA AYUDARTE A VIVIR CON MENOS

1. **Utiliza el MoneyLife® Tracker para darle seguimiento a cada uno de tus gastos.** Si estás casado, haz este paso con tu pareja. Revisa las categorías de gasto para saber a dónde se está yendo el dinero. (En el día tres ahondaremos en el uso de esta herramienta).
2. **Espera.** Aprende a esperar 30 días antes de hacer una compra grande o comprar alguna cosa de oferta.
3. **Gasta menos en servicios públicos.** Racionaliza el uso del aire acondicionado o apágalo y abre las ventanas; toma duchas menos prolongadas o considera no usar agua caliente de vez en cuando.
4. **Conduce inteligentemente.** Organiza tus viajes para que manejes menos; compra gasolina a precios bajos.
5. **Compra más, para gastar menos.** Únete a una cooperativa o compra una membresía de bodega, compra los artículos que utilizas frecuentemente al por mayor.
6. **Utiliza menos entretenimiento.** TV por cable, Internet, películas, eventos deportivos y salir a comer son gastos de entretenimiento que pueden ser eliminados y reemplazados con viajes a la biblioteca, una caminata en el parque o un día de campo con los amigos o familia, y al mismo tiempo desarrollas un aprecio a la tranquilidad y belleza natural.
7. **Compra artículos usados.** Adquiere en tiendas de segunda mano y ventas de garaje. Busca artículos usados por Internet o anuncios de periódicos respetables.
8. **Hazlo en casa.** Aprende a hacer cosas tú mismo. Hay artículos como ropa, regalos, cartas, alimentos y obsequios que puedes hacer en casa.
9. **Hazlo tú mismo.** No pagues por servicios que puedes hacer tú mismo, tales como pago de impuestos, mantenimiento, limpieza y proyectos de mejoramiento del hogar. Busca guías prácticas en canales de video, redes sociales o páginas web que enseñen paso a paso cómo hacer algo tú mismo. También puedes inscribirte en clases gratis en tiendas de mejoras del hogar para aprender nuevas habilidades.
10. **Piensa de manera diferente.** Pregúntate: ¿cómo puedo hacer esto con menos? ¿Qué más podría hacer si no tuviera el dinero para pagar por esto? ¿A quién conozco que pueda tener el asesoramiento o los recursos para que me ayude con esta necesidad? ¿Qué puedo intercambiar para obtener lo que necesito?

11. **Aclara tu mente.** Camina más, anda en bicicleta. Cancela las suscripciones a plataformas de consumo y deja de ver videos que crean un deseo por más cosas.

PREGUNTAS DE REFLEXIÓN

Ciertamente somos bombardeados constantemente con anuncios, promociones y opciones de compra. No podemos escondernos para vivir en una cueva, sin embargo: ¿cuál crees que deba ser nuestra actitud como cristianos ante los esfuerzos publicitarios a los que somos expuestos?

¿Puedes escribir algunas ideas adicionales para aprender a vivir con menos?

Ora al Señor

«Oh, Dios, te agradezco porque hasta ahora no me ha faltado nada. He recibido más de lo que necesito y puedo ver Tu cuidado amoroso en Tu provisión. Sé que muchas veces he vivido triste por no tener algo que deseaba y no pude ver cuán generoso ya has sido con lo que tengo. Por favor cambia mi corazón de manera que pueda recibir con alegría y que no me afane por lo que no tengo aún. Permite que pueda entender la diferencia entre lo que necesito aún lo que deseo, sabiendo que muchas veces me darás aun eso que sobrepasa mi necesidad. Dame un corazón agradecido, en la abundancia y en la escasez. Que pueda ser un siervo diligente para trabajar con Tus dones para ser el medio en que provees para los de mi casa. Amén».

APRENDE CÓMO HACER UN PRESUPUESTO

DÍA TRES

El principio de administración financiera llamado presupuesto es el cálculo anticipado del costo de una obra o de la manera en que usaremos el dinero. Si no lo tienes, hay una gran posibilidad de que estés tomando decisiones espontáneas en tu vida financiera, y eso es muy peligroso. Recordemos Lucas 14:28-30: **«Porque ¿quién de vosotros, queriendo edificar una torre, no se sienta primero y calcula los gastos, a ver si tiene lo que necesita para acabarla? No sea que después que haya puesto el cimiento, y no pueda acabarla, todos los que lo vean comiencen a hacer burla de él, diciendo: Este hombre comenzó a edificar, y no pudo acabar».**

Debemos determinar un destino para cada centavo que tenemos en papel antes de saber si podemos gastarlo en la vida real. Sin embargo, el detalle más importante es que tu presupuesto no puede solamente quedarse en la parte de planeación. Debe tener una clara orientación a la ejecución.

RECOMENDACIÓN PARA LA DISTRIBUCIÓN DEL PRESUPUESTO

Dar

Ahorrar

Para lograrlo pide y guarda todas las facturas durante la semana y haz un análisis de lo gastado durante tres meses. Para este fin te recomendamos el uso del **MoneyLife® Tracker**, una herramienta en línea provista por *Crown Financial Ministries Inc.* Puedes utilizar esta herramienta (en inglés) creando un usuario y contraseña de manera gratuita en la dirección web: https://planner.crown.org/. Por medio de esta puedes crear un presupuesto con las diferentes categorías de ingreso y gasto, además de llevar un control diario de gastos. Esto te permitirá comprobar si te estás ajustando al presupuesto o si necesitas hacer modificaciones.

Si esta herramienta en la web no es la opción que más te agrada, a continuación, detallamos el paso a paso para que puedas realizar tu presupuesto de manera manual o en una hoja de Excel. Más adelante encontrarás una tabla para que realices tu análisis presupuestario de ingresos y gastos mensuales. Puedes fotocopiar este formulario para tu uso personal las veces que quieras.

El plan es una de las aplicaciones prácticas más importantes de este estudio. Es posible que no sepas la cantidad que estés gastando en alguna categoría. Posiblemente te frustrarás por la situación que tu plan revele.

Pero anímate, ¡hay esperanza! Cada semana por el resto de este estudio, deberás trabajar en refinar tu plan y ¡el éxito está por delante! Completa los siguientes pasos:

Puedes utilizar la herramienta **MoneyLife® Tracker** disponible en nuestra página de recursos digitales para **Vida en abundancia:** *www.lifeway.com/vidaenabundancia.*

Escanea este código QR para acceder a esta y otras herramientas, videos y ayudas adicionales que te ayudarán a poner en práctica los principios presentados en este estudio.

DETERMINA TU INGRESO MENSUAL

1. **Anota tu ingreso mensual luego de haberle «dado a César lo que es del César».**
   Anota todo el dinero neto (o «en limpio») que traes a tu casa. Este es el ingreso que traes a tu casa y del cual tu empleador o patrón ya dedujo todos los impuestos. Si alguna parte de tus ingresos no son fijos, suma todo lo que has ganado en los últimos 12 meses y luego divídelo entre 12 para obtener el promedio. Si vives en un país con alta inflación, usa los últimos 4 o 6 meses.

Salario esposo	
Salario esposa	
Salario otro trabajo	
Otros ingresos	
Total de ingreso neto – 1 (sume todo)	

OTRAS DEDUCCIONES

Las deducciones de tu sueldo para seguros, navidad, pagos de deudas, inversiones, jubilación, entre otros; deben **sumarse** a tu ingreso neto como **«otros ingresos»** que ya han pagado impuestos. Debes incluirlas aquí y luego restarlas de la categoría apropiada en el plan para tener una idea correcta de tus ingresos y gastos. Por ejemplo: si tu empleador te hace una deducción en tu sueldo para seguros médicos, esta cantidad debe ser considerada como parte de tu ingreso neto y luego debe ser anotada como un gasto bajo la categoría de **Otros seguros/Seguros médicos.**

2. **Anota tu ingreso bruto mensual, del que todavía no has pagado impuestos.**

Comisiones	
Alquileres recibidos	
Ingreso del negocio	
Intereses recibidos	
Total de ingreso bruto (sume todo)	
Reste los impuestos a pagar (-)	
Total de ingreso neto – 2 (reste bruto - impuestos)	

El dinero por viáticos (o reembolsos por gastos que hiciste para tu empleador) no se considera como ingreso. Evita la tentación de gastar ese dinero como si fuera un ingreso. Esto puede conducirte a un problema de endeudamiento.

3. Suma el ingreso neto 1 y 2

Total de ingreso **neto – 1**	
Total de ingreso **neto – 2**	
Total de ingreso neto	

4. Calcula la parte de Dios.

Ahora que le has dado a César lo que es del César, debes darle a Dios lo que es de Dios. A pesar de que el 100 % de nuestras posesiones son de Dios, cada uno de nosotros debemos comprometernos a sostener la obra del reino de los cielos aquí en la tierra. Debemos darle al Señor para reconocer que Él es el dueño de nuestras vidas y de nuestras finanzas. A continuación, escribe todos los compromisos económicos que has hecho con el Señor.

Diezmos, ayudas y contribuciones mensuales a la obra del Señor
Incluye todo lo que das de manera mensual a:

La iglesia	
Personas con necesidades económicas	
Otros ministerios	
Otras donaciones	
Total diezmos/ofrendas (sume todo)	

5. Calcula tu ingreso neto disponible (I.N.D.).

Para calcular tu I.N.D. debes restar el total de diezmos y ofrendas al ingreso neto.

Total de ingreso neto	
Total diezmos/ofrendas (-)	
Total I.N.D.	

El ingreso neto disponible (I.N.D.) es lo que realmente tienes para gastar. Esta es la «bendición del Señor» de la que habla Proverbios 10:22. Esta es la cantidad de dinero con la que debes vivir mes a mes. Y la cantidad sobre la cual debes basar todos tus cálculos para tomar tus decisiones económicas.

«La bendición del SEÑOR trae riquezas, y nada se gana con preocuparse».
(Prov. 10:22 NVI)

¿CÓMO SE USA EL INGRESO NETO DISPONIBLE? ¿CUÁLES SON TUS GASTOS?

Los gastos se dividen en 12 categorías. Te recomendamos que guardes o busques tus estados de cuenta bancarios y de tus tarjetas de crédito de los últimos tres meses, de manera que puedas hacer un promedio de tu consumo en los gastos variables, como algunos servicios públicos, gasolina y comida. Los valores que debes escribir en tu presupuesto son valores promedio. Es preferible que uses el promedio alto, de manera que estés preparado anticipadamente para esos meses de mayor consumo.

Categoría 1: Gastos para la vivienda

Todos los gastos necesarios para operar el edificio de la casa, incluyendo la hipoteca o el pago del alquiler, los impuestos, los seguros, el mantenimiento, los servicios públicos, el teléfono, cable, internet y los muebles que tienes planeado comprar o mejoras que anticipas hacer. La cantidad utilizada para el pago de los servicios públicos debe ser el promedio de los últimos 12 meses. Si no puedes establecer un costo preciso para el mantenimiento, utiliza el 10 % del pago mensual de la hipoteca.

Categoría 2: Gastos de despensa

Todos los gastos de los alimentos y demás productos comprados en el supermercado, incluyendo productos de papel y otros productos no alimenticios. Incluye leche, pan y los otros productos adicionales que compras de vez en cuando, como los productos de limpieza.

Categoría 3: Gastos de transporte

Aquí se debe incluir todos los gastos de transporte público de la familia y todos los gastos que tienen que ver con otros medios de transporte, como los pagos mensuales que estés haciendo por tu auto (o autos). El promedio mensual del seguro que pagas por tu auto (o autos), la gasolina, el cambio de aceite, el mantenimiento, gastos de estacionamiento, licencias, impuestos y reparaciones. Y si ya tienes tu auto pagado, la cantidad de dinero que estás depositando en el banco para formar un «fondo de reemplazo del auto», para que de esta manera no sea tan difícil comprar tu siguiente automóvil.

La cantidad de dinero que reservas para reparaciones y reemplazo debe ser suficiente para mantener tu auto en buenas condiciones y reemplazarlo cada cierta cantidad de años. Si actualmente no se encuentran fondos de reemplazo en tu presupuesto, la asignación mínima debe ser suficiente para cubrir el costo del mantenimiento. Debes separar mensualmente el dinero necesario para hacer ciertos pagos mensuales o semestrales, como los pagos de los seguros de auto y los impuestos para evitar la crisis de un gasto «inesperado» un par de veces al año.

Categoría 4: Pago de otros seguros

Incluye todos los seguros, tales como médico, vida e incapacidad, con la excepción de los seguros relacionados con el hogar y el auto.

Categoría 5: Pagos mensuales de deudas

Incluye todos los pagos mensuales requeridos por tus acreedores, incluyendo los pagos que estés haciendo a tiendas de ropa, negocios de electrodomésticos, tarjetas de crédito y deudas similares. *No se incluyen los pagos de la hipoteca y del auto.*

Puedes utilizar la **Calculadora de préstamos para automóviles** disponible en nuestra página de recursos digitales para **Vida en abundancia:** *www.lifeway.com/vidaenabundancia.*

Escanea este código QR para acceder a esta y otras herramientas, videos y ayudas adicionales que te ayudarán a poner en práctica los principios presentados en este estudio.

Categoría 6: Entretenimiento y recreación

Vacaciones, excursiones de acampar, cuotas de club, equipos de deporte, gastos de pasatiempo, eventos de deporte, libros, vídeos y animales domésticos. Incluye todas las comidas fuera de la casa y las meriendas diarias que comes en tu trabajo.

Categoría 7: Asignación mensual para ropa

Calcula la cantidad anual promedio que gastas en ropa y divídela entre 12 para escribir allí tu **promedio mensual**. Puede que no compres ropa todos los meses, pero separa el dinero de todas maneras. Con frecuencia se subestima esta categoría.

Categoría 8: Ahorros

Designa un porcentaje no menor al 10% para los ahorros, una cuenta de ahorros, o un lugar seguro en tu casa. Pueden proveer los fondos para las emergencias y es crucial para la buena planeación. Te recomendamos el uso de una cuenta bancaria, ya que con ella puedes ganar intereses y tu dinero estará más seguro. Además de que evitarás la tentación de gastarlo precipitadamente.

Categoría 9: Gastos médicos

La parte que pagas de las visitas médicas y medicamentos, las cuentas de los médicos, lentes, recetas de farmacia, dentistas, entre otros. Utiliza un promedio anual dividido entre 12 para determinar el promedio mensual.

Categoría 10: Gastos varios

Todos los gastos que no se pueden registrar en ninguna otra categoría están incluidos en esta categoría de gastos varios o misceláneos. Debes ser cuidadoso con esta categoría, ya que es una de las que se tiende a utilizar de forma más desordenada y propicia el uso discrecional de fondos que deberían ser asignados a otras categorías.

Categoría 11: Escuela/Cuidado de niños

Matrícula, tutorías, libros y materiales, clases de música y danza, jardín de infantes y otros gastos parecidos se incluyen en esta categoría.

Categoría 12: Inversiones

Los individuos y las familias que tengan un excedente tendrán la oportunidad de invertir fondos para cumplir con sus metas financieras a largo plazo. Cuando comiences a presupuestar con regularidad hay esperanza que más dinero quedará disponible para designar para esta categoría.

> Lo que no se define, no se puede medir.
> Lo que no se mide, no se puede mejorar.
> Lo que no se mejora, se degrada siempre.
> —William Thompson

PREGUNTA DE REFLEXIÓN

¿De qué maneras crees que impactará tus finanzas la creación y ejecución de un presupuesto?

Ora al Señor

«Dios hoy empieza una nueva era en mis finanzas personales. Sé que el trabajo para preparar y ejecutar mi presupuesto requiere tiempo y esfuerzo. Sin embargo, estoy aprendiendo cómo quieres que no sea una víctima de mis finanzas sino un administrador cuidadoso que sabe manejar el recurso del dinero. Ayúdame, mientras detallo los valores de mi presupuesto a ser honesto conmigo mismo y a hacer los cambios que requiero hacer en mi estilo de vida para que pueda vivir con lo que me permites producir y no gastar más que eso. Que pueda ser fuerte y valiente y me des la sabiduría que solo Tú puedes dar. Amén».

Aplicación práctica

Análisis presupuestario

Ingreso y gastos mensuales

Ingreso Neto-1 (salario)		**6. Entretenimiento y recreación**	
Ingreso Neto-2 (negocio)		Comidas fuera de la casa	
Total de ingreso neto		Cuidado de niños	
Diezmos, ofrendas **(se resta)**		Paseos y excursiones	
Ingreso Neto Disponible (I.N.D.)		Vacaciones	
		Otros gastos	
1. Vivienda		**Total de entretenimiento y recreación**	
Hipoteca (alquiler)			
Seguro de la casa		**7. Ropa** (promedio mensual)	
Impuestos			
Electricidad		**8. Ahorros mensuales**	
Gas		**9. Gastos médicos**	
Agua		Doctor	
Limpieza		Dentista	
Teléfono e internet		Medicinas	
Mantenimiento		Otros	
Otros gastos		**Total de gastos médicos**	
Total de vivienda			
		10. Gastos varios	
2. Comida (total mensual)		Perfumes y cosméticos	
		Salón de belleza y barbero	
3. Transporte		Lavandería y planchado	
Gastos de autobús o tren		Gastos varios y almuerzos	
Pago del auto 1		Suscripción de plataformas	
Pago del auto 2		Regalos (incluyendo Navidad)	
Gasolina y cambio de aceite		Gastos en dinero efectivo	
Seguro de auto		Otros gastos	
Licencia, placas o impuestos		**Total de gastos varios**	
Reparaciones, reposición			
Otros gastos		**11. Escuela/Cuidado de niños**	
Total de transporte		Matrícula	
		Materiales didácticos	
4. Otros seguros		Transporte	
Seguro de vida		**Total de Escuela/Cuidado de niños**	
Seguro médico			
Otros		**12. Inversiones**	
Total de otros seguros			
		Total de gastos (sume todos los totales)	
5. Deudas (pagos mensuales)			
Tarjetas de crédito		**Ingresos vs. gastos**	
Préstamos que pagar		Ingreso Neto Disponible	
Otras deudas		Total de gastos **(se resta)**	
Total de pagos de deudas		**Déficit (faltante) o excedente**	

Notas

Sesión

3 Elimina tu deuda

No hay gran misterio en la causa material de la deuda. La deuda ocurre cuando gastamos más dinero del que tenemos. Pero la causa inmaterial, con frecuencia es más difícil de ver. El problema radica dentro de nuestros corazones. Antes que la deuda existiera, las semillas del descontento y la codicia existían en el corazón, listas para brotar en una variedad de comportamientos destructivos, incluyendo la acumulación de deuda.

El apóstol Pablo escribió a Timoteo: **«Así que, teniendo sustento y abrigo, estemos contentos con esto»** (1 Tim. 6:8). ¿Cuántos de nosotros vivimos así? En vez de ello, por lo regular vivimos como si Pablo hubiera escrito: «Pero si realmente tenemos un bonito carro y una linda casa, y los artilugios más modernos, y [llene el espacio], con esto estaremos contentos». Por desgracia, aunque tuviéramos todas esas cosas, no estaríamos satisfechos. La vida en abundancia no proviene de la cantidad de cosas que acumulamos.

14.7 % de un grupo de familias encuestadas tienen una deuda que excede el 40 % de su ingreso.[5]

El contentamiento no es soportar un austero estilo de vida de subsistencia. Más bien, con la verdad del contentamiento divino, llegamos a disfrutar más de la vida debido al agradecimiento que permea todo lo que hacemos. Repetidamente, la Escritura afirma el bien que representa comer y beber para la gloria de Dios. Así es esto porque todo regresa a lo que fluye del corazón de una persona, tanto el agradecimiento como el insaciable deseo por más y más. El secreto del contentamiento no radica en tener suficientes artefactos o aun los artefactos correctos, sino en reconocer a Dios como proveedor.

Eso no quiere decir que el estilo de vida de una persona no cambiará cuando luche para salir de la deuda. Para salir de la deuda es necesario que escojas un sendero diferente. Recuerda la famosa cita de Albert Einstein: «Locura es hacer la misma cosa una y otra vez esperando tener resultados diferentes». Si todo permanece igual en tu presupuesto y tu estilo de vida, tu deuda permanecerá igual (incluso probablemente aumentará). Sería locura pensar de otra forma.

[5] Fuente: Federal Reserve, Joint Economic Committee. Sallie Mae, Transunion; verificado Julio 24, 2012.

¿ESTÁ BIEN ENDEUDARSE ALGUNA VEZ?

La Biblia no dice explícitamente que la deuda en sí misma sea un pecado. Pero siempre nos advierte acerca de ella. Aun el **«no debáis a nadie nada...»** de Romanos 13:8 debe ser entendido a la luz de Romanos 13:7, que instruye a los creyentes a pagar sus deudas, pero nunca condena la deuda completamente. En nuestra opinión, es aceptable deber dinero por la hipoteca de una casa, un negocio o educación, aunque siempre se debe intentar hacer mínimo el monto adeudado. Esta «deuda permisible» debe cumplir tres criterios. El artículo comprado es un activo con el potencial de inversión o producir un ingreso.

- El artículo comprado es un activo con el potencial de inversión o de producir un ingreso.
- El valor de un artículo es superior a la cantidad que se adeuda por él.
- La deuda no debe ser tan elevada que signifique excesiva presión para tu presupuesto

ADOPTA CONCEPTOS BÍBLICOS SOBRE LA DEUDA

1. **El pedir prestado es un concepto negativo y no recomendable.**
   En Deuteronomio 28 Dios le dice al pueblo de Israel que si obedecen Sus mandamientos las cosas les irán bien, entre ellas: **«Y prestarás a muchas naciones, y tú no pedirás prestado. [...] Pero acontecerá, si no oyeres la voz de Jehová tu Dios, para procurar cumplir todos sus mandamientos y sus estatutos que yo te intimo hoy [...]. El extranjero que estará en medio de ti se elevará sobre ti muy alto, y tú descenderás muy abajo. Él te prestará a ti, y tú no le prestarás a él; él será por cabeza, y tú serás por cola» (vv. 12,15,43-44).** En las Escrituras, prestar se presenta como algo indeseable y que uno debería hacer solo en casos extremos. No como en nuestros días, que el crédito se ha convertido en un integrante más de nuestra planificación financiera.

2. **Lo que se pide prestado se debe devolver.**
   En Romanos 13:7, Pablo les enseña a los cristianos de Roma diciendo: **«Pagad a todos lo que debéis...».** Ese es un principio de integridad eterno y transcultural. Era verdad en Roma hace 2000 años y es verdad ahora. Si te comprometiste con alguien a pagarle algún dinero, diste tu palabra. No importa que hayas firmado un papel o no. Tu palabra representa tu honor, tu carácter, tu «ser» y el honor del nombre de Dios, porque la gente a tu alrededor sabe que vas a la iglesia.

   El Salmo 37:21 dice: **«El impío toma prestado, y no paga...»**, esa es la razón por la que el concepto de la quiebra, sin restitución del capital, no debería existir en nuestras mentes. Solo en un caso extremo (y como último recurso) es justo usar un recurso legal de amparo, como lo es la bancarrota, para protegerse del asedio de acreedores agresivos. Sin embargo, la transferencia de bienes para «esconderlos» y evitar pagar las deudas adquiridas está en contra de la Palabra. Cada deuda adquirida se debe pagar, aunque nos tome el resto de la vida hacerlo.

   Entonces no importa lo que diga la ley del país. La Biblia nos dice en Santiago 5:12 que nuestro «sí» debe ser «sí», y nuestro «no» debe ser «no»; y que es mejor no hacer una promesa que hacerla, y no cumplirla (Ecl. 5:5).

«Vale más no hacer votos que hacerlos y no cumplirlos».
(Ecl. 5:5 NVI)

3. **La deuda presume sobre el mañana.**
   Otro error común es tomar una deuda presente basándonos en ganancias futuras. Este error es tan común como el «pan nuestro de cada día». En realidad, a veces parece que la forma en la que tomamos decisiones económicas en los ámbitos de negocios tiene características casi suicidas.

   En Proverbios 27 se nos enseña sobre la presunción. Todos sabemos que el mañana no nos pertenece, sin embargo, nos «jugamos» el futuro como en la lotería. Por eso a veces nos va tan mal. Deberíamos evitar presumir del mañana y cada vez que hagamos un compromiso económico en el presente debería estar basado en ganancias pasadas y no en ganancias futuras.

4. **La deuda le puede negar al Señor la oportunidad de mostrarse como tu proveedor.**
   Muchas veces imaginamos que siempre y cada vez recaerá sobre nosotros el peso de proveer para nuestras necesidades. Ciertamente Dios desea que seamos administradores fieles y trabajemos diligentemente. Sin embargo, a veces creemos que la deuda es la única forma para solventar algunas necesidades poniendo nuestra confianza en el sistema bancario en vez de poner nuestra confianza en Dios y Su provisión sobrenatural. El pedir prestado dinero le puede negar a Dios la oportunidad de demostrarnos Su carácter. Recuerda que la Palabra de Dios nos motiva a ser ahorradores, ya que el ahorro es la mejor estrategia para romper el peligroso ciclo de la deuda.

5. **No aceptes ser fiador de otro por una deuda.**
   Cada vez que te haces fiador, te conviertes en el responsable legal de la deuda de otro. Es como si personalmente fueras al banco, solicitaras un préstamo y luego le dieras el dinero al amigo o a un familiar que te solicitó que fueras su fiador. Desafortunadamente, pocos fiadores están preparados para esta clase de pérdida. La cantidad de incidentes es tan grande porque el prestamista profesional se ha dicho después de analizar el negocio: «Esto no lo hago a menos que alguien que sea económicamente solvente y responsable garantice el préstamo».

   Afortunadamente, la Biblia habla bien claro a este respecto: **«El hombre falto de entendimiento presta fianzas, y sale por fiador en presencia de su amigo»** (Prov. 17:18).

PREGUNTA DE REFLEXIÓN

Ahora que entiendes lo que la Biblia dice acerca de la deuda, ¿crees que eres libre o esclavo de la deuda? ¿Qué acciones podrías tomar para salir de deudas y no tener la necesidad de pedir prestado en el futuro?

Ora al Señor

«Señor, sabes que he construido voluntariamente una cárcel de endeudamiento. No he sido ahorrativo y he adquirido cosas con dinero que no poseo. Sabes que estoy abrumado por las deudas y que necesito que cambies mi corazón y me des uno contento y paciente para crecer en sabiduría al administrar las finanzas y posesiones que me has concedido, de una manera adecuada y segura. Ayúdame a hacer los cambios en mi estilo de vida de lo que Dios me permite ganar y que pueda ahorrar para estar preparado para las emergencias que vendrán. Te lo pido en el nombre de Jesús, Amén».

Notas

Memoriza las Escrituras

Antes de iniciar tu estudio personal de esta semana, selecciona el versículo que mejor se relaciona contigo y memorízalo.

- *«El rico se enseñorea de los pobres,*
  y el que toma prestado es siervo del que presta»
  (Prov. 22:7).

- *«El impío toma prestado, y no paga;*
  mas el justo tiene misericordia, y da»
  (Sal. 37:21).

- *«No debáis a nadie nada, sino el amaros unos a otros;*
  porque el que ama al prójimo, ha cumplido la ley»
  (Rom. 13:8).

DECIDE VIVIR LIBRE DE DEUDAS

DÍA UNO

Nadie se convierte en un esclavo de las deudas y de los acreedores por voluntad propia. En general, caemos en las deudas poco a poco y casi sin quererlo. Ocurren ciertos eventos en nuestra vida que nos llevan a endeudarnos porque creemos que no hay ninguna otra opción. No vemos otro camino y, cuando nos damos cuenta, estamos casi al borde del precipicio (si es que no hemos «caído» ya).

En general, hay varias razones por las que caemos en el endeudamiento. Sin embargo, las más comunes son que no ahorramos con regularidad, que tratamos de vivir en un nivel socioeconómico al que no pertenecemos, o que no confiamos en Dios y Su provisión.

Se debe hacer una aclaración cuando enumeramos estas razones. No estamos incluyendo las calamidades, el robo organizado, el abuso y la malversación de fondos a nivel del gobierno que, en algunos casos, ha causado la pérdida repentina de grandes cantidades de dinero por parte de los ahorrantes. Esta omisión se debe a que estamos enfocándonos en un endeudamiento causado por una mala administración, no como una prueba en nuestra vida cristiana. Sin embargo, creemos que, si pones en práctica los principios de este estudio para una vida en abundancia, y haces un serio esfuerzo por una vida libre de deudas durante la época de «vacas gordas», cuando vengan los tiempos de las «vacas flacas» vas a estar mejor posicionado para sobrevivir al desastre.

> Muchas personas que sienten que no pueden pagar una cuenta evitarán al acreedor para no pasar vergüenza. Muchas veces una carta bien redactada o una llamada telefónica declarando su disposición para elaborar un plan razonable de pago ayuda a restaurar la relación.
>
> —Larry Burkett.

PASOS PARA SALIR DE LA DEUDA

Si queremos salir de deudas exitosamente debemos desarrollar un carácter íntegro, sólido. Debemos descubrir las cosas en las que creemos y aprender a vivir de acuerdo con ellas, cueste lo que cueste. Debemos seguir los siguientes pasos.

1. **Cambia interiormente** (el «ser» es más importante que el «hacer»). Si no hay un cambio interior y un compromiso serio a obedecer los principios bíblicos de mayordomía, los otros pasos serán en vano. En cuanto comiences a «respirar» volverás a caer en mayores deudas. La vida en abundancia comienza en el interior.

2. **Establece un plan para manejar el dinero que tienes.** El saber cuánto entra y cuánto sale te permitirá descubrir áreas en las que puedes disminuir gastos y comenzar a ahorrar o, por otro lado, te permitirá saber cuánto deberás incrementar tus ingresos.

3. **Establece un sistema de control.** Si no tienes un sistema de control, especialmente para los gastos que haces con el dinero en efectivo, tu plan presupuestario no te valdrá de nada porque no podrás pagar los agujeros por donde se escurre el dinero.

4. **Incrementa entradas o disminuye gastos.** Sé creativo. Puedes empezar un negocio, reducir suscripciones, vender objetos que no necesitas, rentar una casa más pequeña, vender automóviles con mensualidades elevadas. En síntesis, debes bajar tu estilo de vida hasta que puedas costear lo que requieras sin la necesidad de tomar una nueva deuda.

5. **Haz una lista de acreedores con datos de cada deuda.** Ordénate para que sepas cuánto le debes a cada uno, cuánto pagas de intereses, quién es tu contacto y cuál es el orden en que debes pagar tus deudas. Puedes usar esta lista como ejemplo.

LISTA DE DEUDAS						
Fecha:						
Acreedor	**Descripción de compra**	**Pago mensual**	**Saldo por pagar**	**Fecha de pago total**	**Tasa de interés**	**Contacto y teléfono**
Totales:						

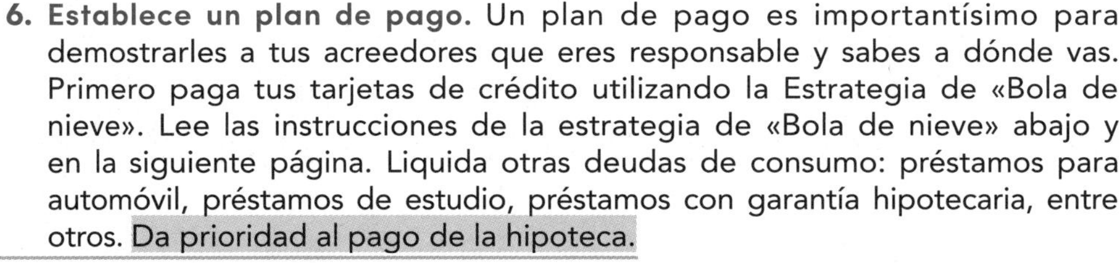

6. **Establece un plan de pago.** Un plan de pago es importantísimo para demostrarles a tus acreedores que eres responsable y sabes a dónde vas. Primero paga tus tarjetas de crédito utilizando la Estrategia de «Bola de nieve». Lee las instrucciones de la estrategia de «Bola de nieve» abajo y en la siguiente página. Liquida otras deudas de consumo: préstamos para automóvil, préstamos de estudio, préstamos con garantía hipotecaria, entre otros. Da prioridad al pago de la hipoteca.

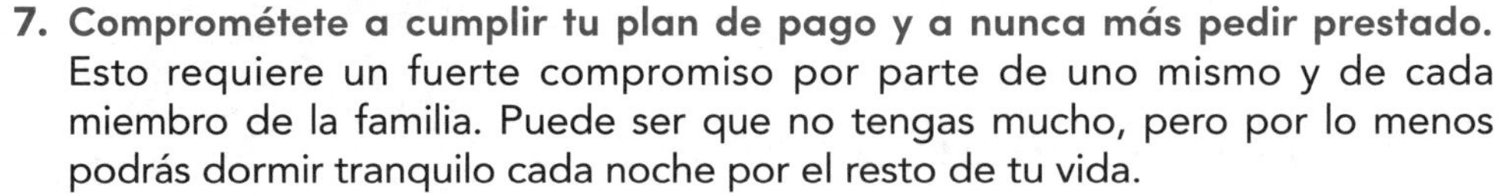

7. **Comprométete a cumplir tu plan de pago y a nunca más pedir prestado.** Esto requiere un fuerte compromiso por parte de uno mismo y de cada miembro de la familia. Puede ser que no tengas mucho, pero por lo menos podrás dormir tranquilo cada noche por el resto de tu vida.

Puedes utilizar la **Calculadora de amortización de hipoteca.** disponible en nuestra página de recursos digitales para **Vida en abundancia:** *www.lifeway.com/ vidaenabundancia.*

Escanea este código QR para acceder a esta y otras herramientas, videos y ayudas adicionales que te ayudarán a poner en práctica los principios presentados en este estudio.

LA ESTRATEGIA DE «BOLA DE NIEVE»

- Selecciona tu estrategia. Paga la deuda más pequeña de tarjeta de crédito o paga la tarjeta con la tasa de interés más alta. Paga los saldos mínimos en tus otras tarjetas y concéntrate en acelerar el pago de la tarjeta de crédito más pequeña o que tenga los intereses más altos.
- Después de que hayas pagado la primera tarjeta de crédito, aplica ese pago a la siguiente más pequeña o a la siguiente que tenga los intereses más altos.
- Después de que hayas pagado todas tus tarjetas de crédito, concéntrate en pagar tus deudas de consumo, exactamente de la misma forma.

Puedes utilizar la **Calculadora de deuda (disponible en inglés)** en nuestra página de recursos digitales para **Vida en abundancia**: *www.lifeway.com/vidaenabundancia.*

Escanea este código QR para acceder a esta y otras herramientas, videos y ayudas adicionales que te ayudarán a poner en práctica los principios presentados en este estudio.

PREGUNTA DE REFLEXIÓN

Si tienes una o varias deudas ¿cuáles de los pasos para salir de deudas ya estás implementando y qué cambios en tu presupuesto deberías hacer para ser libre de deudas?

Ora al Señor

«Señor, sé que me has hecho libre y no esclavo. Sé que has roto mis cadenas con Tu salvación. No quieres que viva nuevamente atado a algo que no sea la libertad que me has traído. Permite que, al leer y aprender estos principios de mayordomía, pueda entender que debo recibir y buscar Tu libertad en todas las áreas para una vida en abundancia. Ayúdame a aplicar las acciones correctivas para que pueda ser un administrador y no una víctima de mis finanzas. Hoy quiero creer que Tú puedes libertarme. Amén».

EJERCICIO DE LA ESTRATEGIA «BOLA DE NIEVE»

Utiliza el método «Bola de nieve» para pagar tu deuda en el tiempo más corto posible. Ve los gráficos de abajo.

PLAN DE PAGO DE DEUDA A **UN MES**

		Columnas de Entrada			Columnas Calculadas	
	Acreedor	**Saldo principal ($)**	**Tasa de Interés (%)**	**Monto del Pago ($)**	**Costo de Intereses ($)**	**Número de Pagos Pendientes**
A	**CANCELADO**					
B	Tienda X	204	**23**	**204**		**1**
C	Visa	1184	14	30		54
D	MasterCard	3583	21	86	3542	89
E	Préstamo de estudio	10 896	5	150	2155	87
F	Préstamo de auto	19 526	6	350	3523	66
G	Hipoteca	141 521	5.25	1100	67 618	190
	Total de pago por mes: $1920.00					

Monto de pago adicional al (a los) siguiente(s) beneficiario(s)

Simplemente haz pagos mínimos sobre todas tus deudas pendientes, excepto para la que tenga la tasa más alta de interés (Deuda A). Cada mes utiliza todos los fondos de reducción de deuda para hacer el pago máximo posible sobre la Deuda A. Continúa haciéndolo cada mes hasta que la Deuda A desaparezca.

PLAN DE PAGO DE DEUDA A **DOS MESES**

		Columnas de Entrada			Columnas Calculadas	
	Acreedor	**Saldo Principal ($)**	**Tasa de Interés (%)**	**Monto del Pago ($)**	**Costo de Intereses ($)**	**Número de Pagos Pendientes**
A	**CANCELADO**					
B	**CANCELADO**					
C	Visa	1184	14	30	28	54
D	MasterCard	3583	21	290	3542	89
E	Préstamo de estudio	10 896	5	150	2155	87
F	Préstamo de auto	19 526	6	350	3523	66
G	Hipoteca	141 521	5.25	1100	67 618	190
	Total de pago por mes: $1920.00					

Luego toma el monto que has estado pagando sobre la Deuda A y súmalo cada mes al pago mínimo de la siguiente deuda con la tasa de interés más alta (Deuda B).

Cuando la Deuda B sea cancelada cada mes, agrega el monto al pago mínimo sobre la Deuda C hasta que esté cancelada. **¡Recuerda mantener los pagos mínimos sobre todas tus otras deudas!**

DESCUBRE CÓMO MANEJAR UNA CRISIS DE DEUDA

DÍA DOS

Si te sientes perseguido por agencias de cobro o estás luchando para hacer pagos sobre tus obligaciones, o estás enfrentando una ejecución hipotecaria u orden de recuperación, embargo de salario u otras circunstancias financieras adversas, recuerda que, aunque la quiebra es una opción legal, raramente es una buena. Los cristianos deberíamos hacer todo esfuerzo posible para evitar la quiebra, tomando acciones que nos posibiliten pagar las deudas en la medida de nuestra capacidad. A continuación, te damos algunos pasos que se deben tomar inmediatamente.

1. Desarrolla un presupuesto de crisis para reasignar todo tu ingreso para un pago máximo. Puedes usar la herramienta de presupuesto presentada en el capítulo anterior.
2. Considera un plan de administración de deuda con la asistencia de un servicio de asesoría de crédito confiable.
3. Si es posible, divide tu plan en dos partes: una parte ofensiva y una parte defensiva. El plan ofensivo es buscar formas de aumentar tu ingreso actual. Esto puede implicar tomar más horas en el trabajo, buscar un trabajo de medio tiempo o trabajar en fines de semana y tarde. El plan defensivo es buscar formas para reducir radicalmente tus gastos, comunicarte con tus acreedores, y administrar tu presupuesto de crisis.
4. Si eres una persona soltera, considera formar un directorio temporal de asesores o consejeros que se reunirán contigo regularmente para proporcionar apoyo de consejería, responsabilidad y oración. Tu iglesia es una fuente excelente para encontrar personas de carácter piadoso, quienes pueden estar dispuestas a servirte durante este tiempo.

DIOS ES MÁS GRANDE QUE TU DEUDA

Frecuentemente para individuos y parejas, la deuda es el obstáculo más grande por superar. Y, como ya mencionamos, la deuda fuera de control es por lo regular un síntoma de la enfermedad llamada «mala mayordomía». Esto hace que el tema sea uno de los más difíciles de discutir. Sin embargo, nuestros problemas de deuda se complican cuando damos lugar al temor y la desesperanza.

Una montaña de deuda puede ser difícil de escalar en un solo intento. Pero hay recompensas incorporadas a lo largo de la trayectoria.

El difícil proceso de salir de la deuda puede ser también una oportunidad para entrar en una relación más profunda con el Señor y confiar en nuevas formas de Su provisión. Dios promete proveer para nuestras necesidades. Nada puede separarnos de Su amor. No nos engañemos: cuando hay un significativo nivel de deuda a ser superado, también hay decisiones difíciles que hacer y, generalmente, algunos sacrificios también. Al caminar muy cerca con el Señor a través de nuestras luchas, Él promete tomar nuestras cargas y darnos Su paz: **«Venid a mí todos los que estáis trabajados y cargados, y yo os haré descansar»** (Mat. 11:28).

PREGUNTAS DE REFLEXIÓN

Lee 2 Reyes 4:1-7. ¿Qué principios para salir de la deuda puedes identificar?

¿Puedes aplicar alguno de estos principios a tu situación actual? ¿Cómo?

Ora al Señor

«Padre, gracias por Tu amor. Gracias por preocuparte por nosotros y buscarnos. Confesamos que muchas veces nos distraemos con las cosas del mundo. Creemos que la abundancia viene de lo que podemos adquirir y no de Ti. Ayúdanos a silenciar el ruido del mundo que nos rodea y a concentrarnos en Ti. Acércate a nosotros y danos el querer y el hacer para que disfrutemos una vida en abundancia cerca de Ti. Amén».

ELIMINA LA DEUDA DE TUS TARJETAS DE CRÉDITO

DÍA TRES

COMPRA AHORA Y SÉ UN ESCLAVO MÁS TARDE

Nuestra meta no debe ser solo volvernos libres de deudas, sino también darle gloria a Dios en la forma en que administramos nuestras finanzas. Queremos agradar a Él con nuestra «capacidad de credibilidad».

Todos sabemos que es mejor no deberle nada a nadie, pero parece más fácil decirlo que hacerlo. La Biblia, dice: **«El rico se enseñorea de los pobres, y el que toma prestado es siervo del que presta»** (Prov. 22:7). Piensa acerca de esto: la Biblia dice que firmar por un «financiamiento fácil» sobre una compra es lo mismo que ¡venderte como esclavo! Nadie quiere ser esclavo, así que ¿por qué nos endeudamos?

Hay momentos en los que las personas están obligadas a endeudarse; cuando hay un asunto de vida o muerte o cuando la alternativa para evitar la deuda parece imposible. Pero ¿qué hay de la deuda voluntaria e innecesaria? Una de las razones por las que nos permitimos pedir prestado, puede ser que simplemente no creamos en lo que la Biblia dice acerca de la deuda. Después de todo, cuando salimos de la agencia conduciendo un auto nuevo, con 7 años de pagos mensuales por delante, no se siente como esclavitud. Ese olor a auto nuevo ha llevado a millones de personas a comprar uno a crédito, cuando habría sido más sabio ahorrar para pagar en efectivo por algo usado.

Los efectos de la esclavitud financiera en una relación marital se reflejan en las estadísticas de matrimonios fallidos. Un matrimonio es una sociedad, bastante parecida a la mano derecha e izquierda de la misma persona. La Palabra de Dios dice que dos personas se vuelven una.

—Larry Burkett

Deberle dinero a alguien significa que renuncias voluntariamente a oportunidades para pagar en otra parte. Si tienes una mensualidad del carro, piensa sobre lo que podrías hacer con ese dinero en lugar de hacer los pagos, principales o de intereses. Podrías dar más generosamente, ahorrar más diligentemente o tener más inversión. La deuda, además, agrega más estrés a la vida y con frecuencia causa conflictos dentro de los matrimonios.

APRENDE A MANEJAR TUS TARJETAS DE CRÉDITO

El uso de las tarjetas de crédito se está convirtiendo en un verdadero dolor de cabeza para muchas familias en nuestros días. Las deudas y tarjetas se acumulan y, juntamente con ellas, tensiones familiares y personales.

El crédito fácil ha sido un veneno para muchas de nuestras familias. Por un lado, porque muchos de nosotros crecimos en un pasado donde tener crédito era solo una cosa de ricos y entonces nunca aprendimos a manejarlo. Por el otro lado, las oficinas de mercadeo en estos días promueven la idea de «Téngalo ahora y pague después», una filosofía de consumo peligrosa. El tener una tarjeta de crédito no es malo, en realidad el tener una o dos cuentas de tarjetas de crédito que usamos y **pagamos totalmente**, mes tras mes, puede ser beneficioso para nuestro historial crediticio. Pero cuidado: dije una o dos solamente. Sin embargo, algunos de nosotros tenemos serios problemas con un concepto abstracto como el concepto del crédito. Un compromiso presente, costo a futuro. Las tarjetas de crédito deben ser usadas solamente como un medio de pago y no como un «sistema infinito de crédito».

Para usar sabiamente las tarjetas de crédito y no caer en deuda, debemos seguir los siguientes principios:

1. **Nunca compres con tu tarjeta nada que no esté dentro de tu presupuesto.**
   Cuando te encuentres frente a la posibilidad de una compra, considera si lo que vas a comprar está dentro de tu plan de control de gastos o presupuesto. Si no está dentro del plan económico de tu familia, da media vuelta y márchate. El único problema que este principio trae asociado es que muestra una realidad en nuestras vidas: ¡primero debemos aprender a tener un presupuesto! Si estás comprando comida, ropa y otras necesidades básicas de tu familia a crédito, es porque te has gastado primero ese dinero en algún otro lugar. Pregúntate: ¿por qué no tenemos ese dinero disponible?

2. **Comprométete a pagar cada mes el 100 % del saldo de la tarjeta.**
   Haz ese compromiso hoy mismo. Aunque ya tengas muchas deudas en tu tarjeta. Pídele a Dios no solo el deseo pero la capacidad de actuar para que cuando llegue el fin del mes pagues todo lo que se cargó en la tarjeta durante el mes y, además, los intereses correspondientes. De esa manera te asegurarás de no caer más profundamente en el pozo.

   Hoy en día, con el alto interés que están cobrando las tarjetas y lo pequeño que es muchas veces el pago mínimo, si haces solamente ese pago, no saldrás fácilmente de tu esclavitud económica. Aún peor, en algunos casos, si haces solamente el pago mínimo que indica la tarjeta, en realidad no solo no avanzarás en la reducción de tu deuda, sino que también continuarás hundiéndote.

3. **Comprométete a no usar más tu tarjeta de crédito.**
   Si has hecho el compromiso de pagar cada mes todo lo que colocas en la tarjeta de crédito y, de pronto, hay un mes en el que no puedes cumplir con tu promesa, entonces debes aplicar este tercer principio que es, en realidad, destruir la tarjeta de crédito. No te sientas mal. Eso no quiere decir que eres un inútil porque las tarjetas no son para ti. Lo que ocurre es que hay ciertos tipos de personalidad que manejan mejor los conceptos y las ideas de tipo «concretas». Esas personas no deben manejar un concepto abstracto como el concepto del crédito. Si es tu caso, maneja solo dinero en efectivo.

Si cumples estos tres simples principios económicos en tu vida financiera, reducirás las probabilidades de tener problemas con este tipo de deudas.

PREGUNTA DE REFLEXIÓN

Lee el Salmo 37:21 y Proverbios 3:27-28. ¿Qué dicen estos versículos acerca del pago de las deudas?

Ora al Señor

«Dios, sabes que en ocasiones he querido y he comprado más de lo que puedo pagar, he usado las tarjetas de crédito como una solución mágica a mis problemas de administración y ahora estoy en problemas financieros. Dame, por favor, la valentía de cortar el problema de raíz y cambiar mi estilo de vida. Principalmente, cambia mi corazón para que aprenda a contentarme con Tu provisión. Ayúdame a trabajar en las herramientas y acciones para pagar mis deudas actuales, y aprender a prepararme para el futuro con anticipación. Te lo pido en el nombre de Jesús, el único que puede darme una vida en abundancia de verdad. Amén».

Notas

Sesión

4 Ahorra consistentemente

El ahorro es la piedra angular o el concepto básico de la mayordomía sabia, mientras que el consumo excesivo y el despilfarro son lo opuesto.

La Biblia nos alienta a ahorrar: **«Tesoro precioso y aceite hay en la casa del sabio; mas el hombre insensato todo lo disipa»** (Prov. 21:20). Dios elogia a la hormiga por ahorrar: **«Cuatro cosas son de las más pequeñas de la tierra, y las mismas son más sabias que los sabios: las hormigas, pueblo no fuerte, y en el verano preparan su comida»** (Prov. 30:24-25). ¡Necesitamos pensar como hormigas! Aun cuando son pequeñas, ahorran. Ahora, puedes estar en una posición en que no te es posible ahorrar mucho, pero aun así es importante iniciar el hábito.

Deberías practicar el ahorro de dinero regularmente, aun si estás endeudado. Si no puedes ahorrar ni una pequeña cantidad al mes, desarrolla una disciplina de ahorro.

—Larry Burkett.

José ahorró un 20 % al año durante los siete años de gran abundancia para sobrevivir durante los siete años de hambre (Gén. 41:29-30). De eso se trata el ahorro: no gastar demasiado hoy, en los buenos años, para que tengas algo para gastar en los venideros años de «vacas flacas». Por esto la mayoría de las personas nunca ahorra, porque ahorrar requiere negarse a algo hoy, y no vivimos en una cultura de negación. Cuando queremos algo, ¡lo queremos ya! Esto se llama «gratificación inmediata», y es la enemiga número uno del ahorro.

«Están por venir siete años de mucha abundancia en todo Egipto, a los que les seguirán siete años de hambre, que harán olvidar toda la abundancia que antes hubo. ¡El hambre acabará con Egipto!».
(Gén. 41:29-30, NVI)

La forma más efectiva para ahorrar es hacerlo «en automático». Cuando recibas tu ingreso, el primer pago que debes hacer es una ofrenda para el Señor y el segundo debería ir al ahorro. Una deducción automática de la planilla es una buena forma para ahorrar. Algunas personas ahorran sus devoluciones de impuestos o bonos. Recuerda esto: si ahorras «en automático», ahorrarás más. La Biblia no nos enseña sobre un monto específico para ahorrar. Recomendamos ahorrar al menos el 10 % de tu ingreso. Inicialmente puede que sea difícil, pero es importante comenzar con el hábito del ahorro aun si son solo unas cuantas monedas al mes.

Aplicación práctica para el ahorro:

- El ahorro es la clave para finalizar con el ciclo de la deuda, por lo tanto, no debe ser descuidado. Encuentra una forma con la que puedas asignar más al ahorro una vez hayas determinado el monto, y comienza a apartarlo.
- Haz una lista de metas a corto y largo plazo, las cuales requerirán tener ahorros. ¿Reemplazar el auto? ¿Mejorar la casa? ¿Gastar para la educación? ¿Qué monto puedes recortar de tu presupuesto para avanzar en estas metas?
- Continúa el seguimiento de tus ingresos y gastos diarios usando alguna herramienta de tu preferencia. Entender tus hábitos de gasto en detalle te ayudará a contener el gasto innecesario.

Hay dos tipos de ahorro: a largo y a corto plazo. Detallemos cada uno.

AHORRA A LARGO PLAZO

Los ahorros a largo plazo son aquellos destinados a cubrir necesidades o metas a largo plazo, como ingresos para la jubilación o para dejar herencia. Las pensiones y las cuentas de jubilación están dentro de esta categoría. Estos ahorros no deben usarse para nada que no sea la meta para la cual se han propuesto, a menos que sea una situación de extrema emergencia financiera.

AHORRA A CORTO PLAZO

Los ahorros a corto plazo deben ser accesibles. Estos pueden incluir cuentas que paguen interés, fondos mutuos, entre otros. Estos ahorros los guardamos para usarlos en gastos planeados para el futuro, ya sea adquiriendo o reemplazando objetos, como por ejemplo electrodomésticos, automóviles, mobiliario para el hogar o bien para hacer arreglos a la casa. También están diseñados para cubrir emergencias como una enfermedad, la pérdida del trabajo o cualquier razón que determine alguna alteración en tus ingresos. Los expertos en finanzas recomiendan que este fondo sea equivalente a tus salario de entre tres y seis meses.

PREGUNTA DE REFLEXIÓN

Después de leer Proverbios 21:20, ¿qué dice este versículo acerca del principio del ahorro? Si no estás ahorrando todavía, ¿qué propones para iniciar?

Ora al Señor

«Padre, hoy vengo ante Tu presencia reconociendo que no soy víctima de mis malas finanzas. Asumo mi responsabilidad por no haber ahorrado con diligencia en los tiempos de abundancia. Preferí gastar antes que ahorrar y en ocasiones gasté mucho más de lo que había ganado. Padre, dame una mentalidad de ahorro, que no es una mentalidad de pobreza, sino la actitud de un siervo responsable que se prepara para el futuro. Ayúdame a saber esperar el mejor momento para cada gasto necesario y dame el contentamiento de la vida en abundancia que Tú me ofreces. Te lo pido en Tu nombre Jesús. Amén».

Memoriza las Escrituras

Antes de iniciar tu estudio personal de esta semana, selecciona el versículo que mejor se relaciona contigo y memorízalo.

- *«Tesoro precioso y aceite hay en la casa del sabio;*
  mas el hombre insensato todo lo disipa»
  (Prov. 21:20).

- *«El hombre de verdad tendrá muchas bendiciones;*
  mas el que se apresura a enriquecerse no será sin culpa»
  (Prov. 28:20).

- *«Las riquezas de vanidad disminuirán;*
  pero el que recoge con mano laboriosa las aumenta»
  (Prov. 13:11).

COMPRENDE EL PODER DEL INTERÉS COMPUESTO

DÍA UNO

Comprender el concepto del interés compuesto es muy importante cuando hablamos de ahorros, ya que el crecimiento de nuestro dinero será mayor dependiendo de tres factores. Estos, aunque parezcan muy simples, son muy poderosos para multiplicar los dividendos de lo que ahorramos. Primero, veamos lo que sucedió en la parábola de los talentos con el siervo que había recibido los mil talentos:

> **«Pero llegando también el que había recibido un talento, dijo: Señor, te conocía que eres hombre duro, que siegas donde no sembraste y recoges donde no esparciste; por lo cual tuve miedo, y fui y escondí tu talento en la tierra; aquí tienes lo que es tuyo. Respondiendo su señor, le dijo: Siervo malo y negligente, sabías que siego donde no sembré, y que recojo donde no esparcí. Por tanto, debías haber dado mi dinero a los banqueros, y al venir yo, hubiera recibido lo que es mío con los intereses. Quitadle, pues, el talento, y dadlo al que tiene diez talentos. Porque al que tiene, le será dado, y tendrá más; y al que no tiene, aun lo que tiene le será quitado. Y al siervo inútil echadle en las tinieblas de afuera; allí será el lloro y el crujir de dientes»** (Mat. 25:24-30).

Este siervo tuvo miedo de su jefe. Sin embargo, este miedo lo paralizó de tomar una de las acciones más simples que podía haber generado al menos algún retorno del dinero que había recibido. Él simplemente debía guardar ese dinero en el banco para ganar algunos intereses de vuelta.

Puedes utilizar la **Calculadora de interés compuesto** disponible en nuestra página de recursos digitales para **Vida en abundancia:** *www.lifeway.com/vidaenabundancia.*

Escanea este código QR para acceder a esta y otras herramientas, videos y ayudas adicionales que te ayudarán a poner en práctica los principios presentados en este estudio.

El 61 % de una nación encuestada no tiene suficiente ahorrado para cubrir una emergencia de costo medianamente elevado.[6]

Cuando hablamos de metas de largo plazo, como ahorros para estudio o planes de ahorro para retiro, es importante entender las tres variables que integran la composición: el monto de ahorro, la tasa de retorno y el tiempo de ahorro.

1. **El monto de ahorro**
   El monto que ahorras depende de tus ingresos y gastos. Esperamos que incrementes el monto disponible para el ahorro conforme aprendes a vivir una vida en abundancia con Dios.

2. **La tasa de retorno**
   La segunda variable es la tasa que ganas sobre una inversión. La tabla siguiente demuestra cómo una inversión de $1000 al año crece a diferentes tasas.

	5 años	10 años	20 años	30 años	40 años
1 %	$6152.02	$11 566.83	$23 239.19	$36 132.74	$50 375.24
2 %	$6308.12	$12 168.72	$25 783.32	$42 379.44	$62 610.02
5 %	$6801.91	$14 206.79	$35 719.25	$70 760.79	$127 839.76
8 %	$7335.93	$16 645.49	$50 422.92	$123 345.87	$280 781.04

[6] Fuente: CNBC – Make it. 18 de enero 2018.

Como puedes ver, un aumento en la tasa de interés tiene un efecto notable en el monto acumulado. Un incremento de 3 % casi duplica el total en 40 años. Puesto que retornos más altos suelen conllevar riesgos más altos, debes ser cuidadoso en no confiar en cifras irreales.

3. **El tiempo de ahorro**
   El tiempo es el tercer factor. Responde esto: ¿quién tendría más ahorro acumulado cuando cumpla sus 65 años? Ginebra, que comenzó a ahorrar $1000 al año a la edad de 21 años, ahorró por 8 años y luego dejó de añadir anualmente a su inversión, o Mateo que ahorró $1000 al año por 37 años, comenzando a la edad de 29 años. Ambos ganaban el 10 %. ¿Es Ginebra quien ahorró e invirtió un total de $8000, o Mateo que ahorró e invirtió $37 000?

   Nuestro instinto quizás nos dice que Mateo ahorro más, porque invirtió $1000 anuales mucho más tiempo que Ginebra. No obstante, aunque nos parezca increíble, Ginebra acumuló $427 736 mientras que Mateo solo acumuló $363 043, todo debido a que Ginebra inició más temprano. El menor ahorro de Ginebra estuvo invertido más tiempo y eso le permitió multiplicarse más veces, generando un ahorro final mayor que el de Mateo. Así que **¡inicia ahorrando e invirtiendo ahora!**

Ahora que entiendes el interés compuesto podría ser muy fácil caer en la tentación de poner nuestra confianza en nuestros activos. Sin embargo, recordemos 1 Timoteo 6:17: **«A los ricos de este siglo manda que no sean altivos, ni pongan la esperanza en las riquezas, las cuales son inciertas, sino en el Dios vivo, que nos da todas las cosas en abundancia para que las disfrutemos».** La vida en abundancia no depende de un ahorro temprano, sino de una vida que ahorra depositando su confianza en Dios.

La habilidad de acumular activos sin depositar nuestra confianza en ellos es una lucha. Tendemos a confiar en lo que vemos más que en el Dios invisible. Es fácil confiar en el dinero, porque el dinero puede comprar cosas. Pero necesitamos recordar que las posesiones no duran y que solo Dios es plenamente confiable.

Una de las formas más claras que Dios ha dispuesto para que confiemos en Su provisión es aprender a ser generosos con lo que hemos recibido: **«Que hagan bien, que sean ricos en buenas obras, dadivosos, generosos; atesorando para sí buen fundamento para lo por venir, que echen mano de la vida eterna»** (1 Tim. 6:18-19). El Señor quiere prosperar a los generosos y les habla de dos beneficios: tesoros eternos que disfrutarán para siempre y la bendición de la vida eterna. Al ser generosos podemos vivir una vida en abundancia que Dios nos ha prometido.

PREGUNTA DE REFLEXIÓN

De acuerdo con 1 Timoteo 5:8, ¿cuál puede ser una meta bíblicamente aceptable para ahorrar?

Ora al Señor

«Padre, nos has dejado instrucciones claras con respecto al ahorro y la preparación. Nos has dado también la inteligencia para multiplicar con sabiduría los recursos que has puesto en nuestras manos. Mientras escucho Tu voz en este proceso de crecimiento financiero, permite que aprenda a no poner mi esperanza en mi cuenta del banco o las cosas que administro. Que siempre pueda recordar que de Ti viene la vida en abundancia y dame un corazón generoso para compartir con los más necesitados de Tu abundancia. Amén».

Notas

DESARROLLA UNA MENTALIDAD DE AHORRO

DÍA DOS

Durante la Gran Depresión y hasta la Segunda Guerra Mundial, hubo una expresión común en algunos países: «Úsalo y desgástalo. Hazlo tú mismo o desiste». En aquel entonces, no había ningún estigma para llevar un estilo de vida austero. Por el contrario, era considerado una virtud. Esa mentalidad de ahorro de los treinta y los cuarenta está muy lejos de los actuales: «Compra ahora, tíralo. Compra uno nuevo, no te vayas sin el tuyo».

Para ahorrar una parte significativa de tu ingreso, necesitarás reducir tus gastos mediante un reordenamiento dramático de tu estilo de vida. Aunque puede parecer difícil, se puede hacer. Está bien iniciar despacio, quizás considerando un paso a la vez para reducir tus gastos. Conforme vayas alcanzando metas, tu confianza crecerá y estarás dispuesto a tomar nuevos desafíos.

CONSEJOS PARA AHORRAR

- Comienza con $1000 de ahorros para «emergencias», hasta que alcances de 3 a 6 meses de tus gastos básicos.
- Espera 30 días antes de hacer cualquier compra grande. Esto quizás te permitirá comprar una ganga. Con frecuencia, en tanto que esperamos pacientemente, el Señor provee de formas inesperadas.
- En un frasco o contenedor, deposita monedas sueltas y cada 6 meses deposita los fondos que ahorres en una cuenta.
- Pídele a tu jefe o empleador que deposite una suma fija de tu sueldo en una cuenta separada. Considera abrir una cuenta en un banco diferente del que utilizas para tus gastos diarios. Otra forma de lograr esto es por medio de las cuentas de ahorro automático, que te permitirán ahorrar montos específicos para metas específicas.
- No pagues por servicios que puedes hacer tú mismo (limpieza de tu casa, hacer tu declaración de impuestos, entre otros).
- Ahorra un porcentaje de tu devolución anual de impuestos.
- Haz deporte, duerme bien y come saludablemente. En condiciones normales, esto te ayudará a bajar significativamente las posibilidades de necesitar servicios médicos.

El 40 % de una nación encuestada no tiene suficiente ahorrado para cubrir una emergencia de bajo costo.[7]

Nunca es demasiado temprano ni demasiado tarde para comenzar a ahorrar. Nuestro compromiso debe ser vivir por debajo de nuestros medios. Debemos crear una nueva disciplina en nuestros pensamientos y hábitos.

[7] Fuente: CNBC – Report on the Economic Well-Being of U.S. Households in 2017.

El dinero en una cuenta de ahorros es como la llanta de repuesto de tu automóvil. Está allí para cuando pases sobre un clavo o se desinfle la llanta. Los ahorros te mantienen alineado a tu plan financiero cuando ocurre lo inesperado y es una de las claves para mantener estabilidad en la vida.

La Biblia considera como un héroe a una pequeñita que lleva una vida estable: **«Ve a la hormiga, oh perezoso, mira sus caminos, y sé sabio; la cual no teniendo capitán, ni gobernador, ni señor, prepara en el verano su comida, y recoge en el tiempo de la siega su mantenimiento»** (Prov. 6:6-8). En tanto que la hormiga es un excelente ejemplo de trabajo duro, lo excepcional acerca de ella es su habilidad para «ahorrar» su comida. Dios les ha dado el instinto para saber cuándo se avecinan tiempos difíciles como el invierno, así que no se permiten comer cualquier cosa a la vista. Almacenan para el tiempo cuando la comida será escasa.

Desgraciadamente, este instinto está ausente en algunas personas. Ellos viven de quincena en quincena, como si nunca nada malo pudiera pasar. Luego, cuando algo pasa, un techo con goteras, un gasto escolar extra o una mala llanta, tienen que endeudarse para pagar lo que es necesario. Y así se inicia un ciclo de deuda del que es terriblemente difícil escapar. Tan pronto como se cancela una deuda, otro gasto inesperado surge, así que a endeudarse más y cuando esta se paga, alguna reparación nueva se necesita y así sucesivamente.

La clave para salir de este ciclo es ahorrar. Si cada mes apartas dinero, aunque sea un poco, tendrás algo para una emergencia. Te recomendamos ahorrar $1000 para emergencias como punto de partida. Luego te recomendamos aumentar tus ahorros al valor que iguale tus gastos de un mes. De esta forma, no importa cuál contingencia pueda surgir, estarás más preparado para manejarla. Lo que una vez pudo haber sido un pinchazo se sentirá más como un bache en tu travesía financiera.

PREGUNTA DE REFLEXIÓN

Lee Proverbios 30:7-9. ¿Qué enseña este pasaje sobre el peligro de no ahorrar para tiempos de necesidad?

Ora al Señor

«Padre, me has prometido una vida en abundancia donde a veces provees de maneras milagrosas; sin embargo, también entiendo que me has enseñado en Tu Palabra a ser trabajador y diligente como la hormiga. Dame una mentalidad de ahorro que me permita estar preparado para las emergencias y en la que mi prioridad esté en "comprar" primero mi libertad financiera antes que cualquier cosa que el mundo pueda ofrecer. Quiero ser un siervo fiel. En Tu nombre Jesús. Amén».

Notas

CONFÍA EN EL SEÑOR, NO EN TU BILLETERA

A pesar de que en el capítulo siguiente detallaremos el tema de la inversión, es muy importante que valoremos la diferencia entre ahorrar e invertir. Una objeción común a este tipo de plan de ahorros es que, en el caso de una emergencia inesperada, el dinero en un plan de inversión podría ser utilizado para suplir la necesidad. Esta línea de pensamiento confunde los diferentes propósitos de ahorrar e invertir.

Invertir implica un nivel de riesgo calculado y, como tal, es una locura contar con el dinero que se ha invertido, ya que no es una cuenta a la vista. Es decir, es posible que no esté ahí cuando lo necesites. Además, los planes de inversión típicamente carecen de liquidez y conllevan severas penalidades por retiros antes del vencimiento del plazo. Si tratas a tus inversiones como una cuenta de ahorros, permitirás que las circunstancias dicten cuándo sacar el dinero en lugar de decidirlo sobre la base de principios sólidos de inversión. En contraste con la inversión, el dinero en una cuenta de ahorros está disponible cuando surjan las necesidades; ese dinero no debería ponerse en riesgo.

55 millones de una nación encuestada no tienen nada de ahorros para emergencias.[8]

Debemos cuidarnos de no poner tal énfasis en el ahorro que terminemos acumulando recursos. El dinero no es una forma de hallar seguridad. Es prudente tener ahorros como preparación ante los desafíos financieros, pero nunca debes confiar en ellos para tu seguridad.

Es más común que levantemos oraciones y súplicas a Dios cuando nuestra cuenta del banco está vacía o nuestra despensa sin alimentos. Pareciera que recordar a Dios en nuestros momentos difíciles es mucho más sencillo que en nuestros momentos de abundancia. Tendemos a pensar en nosotros como los autores de nuestra provisión cuando vivimos épocas de prosperidad. Sin embargo, en épocas de escasez, es como si dijéramos: «Dios, ¿por qué me has abandonado? Necesito de ti, dame ahora lo que deseo». Eso demuestra que creemos que nuestra seguridad está en nuestros activos, y no entendemos que ellos son solo otra herramienta puesta en nuestras manos.

Jesús dijo una parábola sobre un granjero que un año tuvo una cosecha abundante. Este granjero, más que ver su bendición financiera como un medio para bendecir a otros o invertir, planeó construir graneros más grandes de almacenaje. Acumuló para que él pudiera vivir de manera fácil. En la parábola, Jesús nos dice cómo el hombre razonó consigo mismo: **«Y diré a mi alma: Alma, muchos bienes tienes guardados para muchos años; repósate, come, bebe, regocíjate»** (Luc. 12:19). El granjero sintió que había alcanzado la seguridad con su gran cosecha, pero era solo una ilusión. Esa misma noche, el hombre fue llamado para rendir cuentas a Dios por la forma en cómo había manejado los recursos que le fueron confiados (v. 20).

[8] Fuente: CNBC - The first thing you should know about saving money; Julio 6, 2018.

La mejor manera de determinar si has cruzado la línea que separa el ahorro de la acumulación es examinar el propósito del dinero ahorrado. ¿Es solo para incrementar tu comodidad personal y estilo de vida, o estás sirviendo a los propósitos que Dios tiene para tu vida? Dios provee todo lo que tenemos y nuestro rol como Sus mayordomos es usar el dinero que Él provee de forma sabia. Acumular no es una elección piadosa.

AHORRA CON UN PROPÓSITO DEFINIDO

Ahorrar es un ejemplo de la gracia de Dios en acción. Dios nos permite ahorrar para lo inesperado, para que podamos tener estabilidad y planes de largo plazo debidamente diseñados. Pero Dios todavía quiere que confiemos en Él, y no en nuestros ahorros, para suplir nuestras necesidades. Cuando elegimos ahorrar para llevar a cabo Sus planes para nuestras vidas, no acumular, estamos rindiendo nuestras finanzas a Dios y estamos confiando en Él con nuestro futuro.

PREGUNTAS DE REFLEXIÓN

Lee Lucas 12:16-21,34. ¿Por qué el Señor llamó «necio» al hombre rico?

De acuerdo con esta parábola, ¿por qué piensas que, según las Escrituras, es permisible ahorrar **solo si también** estás dando a otros?

Ora al Señor

«Oh, Dios, he puesto mi confianza tantas veces en lo que me has dado y en la apariencia que esas cosas generan, que he olvidado verte a Ti, el Dador de todo. Me has ofrecido una vida en abundancia, pero he creído la mentira de que toda esa abundancia viene de mí, de mi trabajo, mis esfuerzos y mis capacidades. Todo lo que soy es por Tu gracia y porque me has visto con misericordia. Te ruego que hoy pueda ver cómo de Ti vienen las bendiciones y que pueda confiar solo en Ti como mi único proveedor. Amén».

SESIÓN

5 Invierte con prudencia

Debemos responder una pregunta antes de afirmar que invertir es bíblico: ¿es malo el dinero? La respuesta es un claro y resonante ¡NO! Moralmente, el dinero es neutral. Puede ser usado para bien (como mantener misioneros o construir hospitales) o para mal (como el tráfico de drogas, la pornografía, la guerra…). La Biblia no condena el dinero en sí, sino su mal uso o una actitud incorrecta hacia este.

Examinemos 1 Timoteo 6:10: **«Porque raíz de todos los males es el amor al dinero…»**. El dinero no es malo, sino la actitud incorrecta —el amor al dinero— es la raíz de mucha maldad. Es más, en el Antiguo Testamento, muchos hombres de Dios eran de los más ricos de sus días. Job, Abraham y David fueron muy ricos y aun así no permitieron que las riquezas dañaran su relación con el Señor.

Por otro lado, Mateo 6:19-21 parece ir en contra de invertir y ahorrar:

> **«No os hagáis tesoros en la tierra, donde la polilla y el orín corrompen, y donde ladrones minan y hurtan; sino haceos tesoros en el cielo, donde ni la polilla ni el orín corrompen, y donde ladrones no minan ni hurtan. Porque donde esté vuestro tesoro, allí estará también vuestro corazón».**

Jesús aclara este asunto en la parábola del hombre rico que amasó fortuna para sí:

> **«También les refirió una parábola, diciendo: La heredad de un hombre rico había producido mucho. Y él pensaba dentro de sí, diciendo: ¿Qué haré, porque no tengo dónde guardar mis frutos? Y dijo: Esto haré: derribaré mis graneros, y los edificaré mayores, y allí guardaré todos mis frutos y mis bienes; y diré a mi alma: Alma, muchos bienes tienes guardados para muchos años; repósate, come, bebe, regocíjate. Pero Dios le dijo: Necio, esta noche vienen a pedirte tu alma; y lo que has provisto, ¿de quién será? Así es el que hace para sí tesoro, y no es rico para con Dios. […] Porque donde está vuestro tesoro, allí estará también vuestro corazón»** (Luc. 12:16-21,34).

La palabra clave en este texto es **«todos»**. Jesús dijo que el hombre rico era un necio, porque como avaro, guardó **«todos sus frutos y sus bienes»** para su propio uso. No supo establecer límites en sus metas de ahorro y quiso acaparar para sí mismo todo el excedente de su cosecha. Era un hombre rico y sus graneros estaban rebosando, pero cuando Dios continuó bendiciendo sus cosechas, no supo tener el balance apropiado para convertirse en un hombre generoso y compartir ese excedente o invertirlo en el reino de Dios. Es correcto e importante ahorrar e invertir, pero a la vez debemos balancearlo con un carácter generoso para con la obra de Dios.

Las Escrituras dicen: **«Porque donde esté vuestro tesoro, allí estará también vuestro corazón»** (Mat. 6:21). Si nos concentramos solo en ahorrar e invertir para nuestro beneficio personal, nuestra atención y afección girarán solo en torno a eso. Inevitablemente le entregaremos nuestro corazón a esas posiciones. Pero si aprendemos a ser generosos y a dar al Señor de lo mucho o poco que Él provee para nuestra vida financiera, entonces aprenderemos a balancear nuestros ahorros y nuestras inversiones con una actitud correcta para con el Señor. Todavía podremos decir que tenemos una vida en abundancia en Cristo y que Él ocupa el primer lugar en nuestro corazón.

En la medida en la que invertimos en la tierra y recibimos más bienes materiales, debemos aprender a invertir en el cielo para recibir más bendiciones espirituales. Una forma de hacer esto es pidiendo a Dios que cambie nuestro corazón para ser más generosos al recordar Mateo 25:40: **«De cierto os digo que en cuanto lo hicisteis a uno de estos mis hermanos más pequeños, a mí lo hicisteis».** La vida en abundancia entiende que toda generosidad es una manera de servir a Cristo, nuestro proveedor.

La inversión es uno de esos temas que con frecuencia se cree es algo que lo practican sólo aquellos con conocimientos avanzados, títulos especializados o de edad avanzada. La realidad es que la inversión es posible para todos y es fomentada por la Palabra de Dios. Ha sido dicho que, «debemos sostener la Biblia en una mano y el periódico en la otra». Es decir, debemos aprender a ver los encabezados del día a la luz de la enseñanza bíblica. Y esto es válido no solo respecto a los encabezados, sino todo el contenido del periódico, incluyendo la sección financiera.

Puedes utilizar la **Calculadora de interés simple (regular)** disponible en nuestra página de recursos digitales para **Vida en abundancia**: *www.lifeway.com/vidaenabundancia.*

Escanea este código QR para acceder a esta y otras herramientas, videos y ayudas adicionales que te ayudarán a poner en práctica los principios presentados en este estudio.

Lamentablemente, para muchos creyentes, hay muy poca conexión entre sus inversiones y sus creencias espirituales. Eso puede cambiar cuando los principios de Dios se apliquen a sus decisiones de inversión.

Porcentaje de personas entre las edades 30-54, que en una nación encuestada creen que no tendrán suficiente dinero reservado para retiro o jubilación: 80 %.[9]

TOMA RIESGOS, PERO NO APUESTES

Invertir supone un riesgo administrado. Una objeción común para invertir es que el riesgo que conlleva la hace una forma de apuesta. La principal diferencia es esta: cuando una persona apuesta, solo puede ganar si alguien más pierde. Es un juego de suma cero. Por otra parte, cuando una persona invierte, todos pueden ganar. Si los productos de la compañía satisfacen las necesidades del consumidor, ambos ganan. Si la compañía gana, el inversionista gana. Nadie tiene que perder para que una inversión aumente o reditúe un retorno. Por supuesto que no se trata de decir que todos ganan siempre. Pero el mercado puede crecer por sí mismo, así que se puede hacer dinero sin que alguien más tenga que perder en el proceso.

[9] Fuente: CNBC – Make it; Mayo 14, 2018.

Cuando se trata del riesgo inherente a la inversión, nuestro trabajo como administradores de Dios es hacer todo lo posible para minimizar ese riesgo con prácticas de inversión inteligentes. Desde luego, debemos reconocer primero que ningún tipo de investigación, planificación o diversificación eliminarán el riesgo. Dios es el único que es soberano sobre toda inversión. Una vez que somos conscientes de esto, podemos tomar medidas para invertir.

El principio más básico para invertir sabiamente es aprender todo lo que puedas sobre una oportunidad de inversión. Realiza una investigación sobre la compañía antes de comprar sus acciones. Echa un vistazo a los antecedentes del director y de su estrategia, antes de colocar tus recursos en un fondo de inversión. Investiga un sector particular y su potencial de crecimiento, antes de que decidas si se ajusta a tu portafolio. Proverbios 24:3 dice: **«Con sabiduría se edificará la casa, y con prudencia se afirmará»**. Esto pone en claro que tenemos que utilizar nuestras mentes para aumentar nuestro conocimiento sobre los recursos que administramos.

«Con sabiduría se construye la casa; con inteligencia se echan los cimientos».
(Prov. 24:3, NVI)

Desafortunadamente, muchas personas, cristianas y no cristianas por igual, con frecuencia no se sienten aptas para aprobar la calidad de una inversión. Entonces, dejan esas decisiones a sus corredores de bolsa, administradores de fondos y programas de asignación de activos disponibles dentro de su plan de retiro o jubilación. Ciertamente hay sabiduría en disponer del consejo de otros, pero aun así la responsabilidad recae en cada persona que confía en ellos. Y esas decisiones no pueden tomarse sin tener conocimiento previo. Como se dice, el conocimiento es poder y, en este caso, el conocimiento le da al inversionista el poder de evitar inversiones potencialmente malas.

PREGUNTAS DE REFLEXIÓN

Lee Mateo 25:14-30. Las implicaciones de este pasaje van más allá de las finanzas. El dinero es un área donde la mayordomía responsable es esencial para el seguidor de Cristo. ¿Qué nos enseña este pasaje sobre la inversión en la vida de un mayordomo fiel?

¿De qué forma tu conocimiento de que el dinero le pertenece a Dios afecta tu plan de invertirlo?

Ora al Señor

«Padre, has provisto para mí. Si mis graneros están repletos , no quiero ser avaro y acaparar riqueza sin un plan claro. Ayúdame a ver cada abundancia que me proveas como una oportunidad para ser generoso. Permíteme ser como el siervo fiel que supo multiplicar los recursos que pusiste en sus manos. Hoy pido creatividad, inteligencia y sabiduría para hacer mi parte como un inversionista para Tu reino y para ayudar a los más necesitados mientras proveo para los de mi casa. Muéstrame la vida en abundancia que puedes darme al invertir mis recursos y confiar en Tu provisión. Te lo pido en el nombre Jesús. Amén».

Notas

Memoriza las Escrituras

Antes de iniciar tu estudio personal de esta semana, selecciona el versículo que mejor se relaciona contigo y memorízalo.

- *«Reparte a siete, y aun a ocho; porque no sabes el mal que vendrá sobre la tierra»* *(Ecl. 11:2).*
- *«El alma sin ciencia no es buena, y aquel que se apresura con los pies, peca»* *(Prov. 19:2).*
- *«No os hagáis tesoros en la tierra, donde la polilla y el orín corrompen, y donde ladrones minan y hurtan; sino haceos tesoros en el cielo, donde ni la polilla ni el orín corrompen, y donde ladrones no minan ni hurtan»* *(Mat. 6:19-20).*

DESCUBRE LOS PRINCIPIOS FUNDAMENTALES DE LAS BUENAS INVERSIONES

DÍA UNO

CÓMO SER UN INVERSIONISTA SABIO

Dios sabe que cuando aumentamos nuestros activos, pueden convertirse en una barrera potencial para una relación íntima con Él. Si tienes muchos recursos, el Señor no estará decepcionado o sorprendido, más bien significa que Él te ha confiado mucho con un propósito. En 1 Timoteo 6:17-19, Dios da instrucciones para ayudar a aquellos con recursos a permanecer concentrados en amarlo a Él.

ENTIENDE ESTOS TÉRMINOS: AHORROS, LIQUIDEZ Y DIVERSIFICACIÓN

Invertir implica un riesgo calculado, así que es importante mantener unos ahorros para los tiempos de incertidumbre. Los ahorros son fondos apartados en medios o cuentas que conllevan bajo o ningún riesgo. Como tales, poseen una medida de liquidez que muchas inversiones simplemente no tienen. Esta liquidez asegura que tendrás acceso a estos fondos si los necesitaras de inmediato.

Cuando se trata de aquellos fondos asignados para oportunidades de inversión, la diversificación se ha convertido en una estrategia confiable para minimizar el riesgo de pérdida total. Al invertir en una variedad de instrumentos financieros, diferentes clases de activos y sectores de negocios, es menos probable que las alzas y bajas del mercado afecten repentinamente nuestro portafolio.

De todas tus estrategias de inversión, la diversificación es la más resiliente.

La diversificación es simplemente no poner todos tus huevos en una canasta, o como la Biblia aconseja: **«Reparte a siete, y aun a ocho; porque no sabes el mal que vendrá sobre la tierra»** (Ecl. 11:2). ¡Esa es una pieza de sabiduría de 3000 años, proveniente de la pluma de Salomón, directamente aplicable a los complicados mercados financieros de hoy día! Ha probado ser el mejor consejo posible para cualquier inversionista.

Por otro lado, hay un inconveniente con esta estrategia de diversificación. Probablemente, te podrías conformar con retornos modestos. Esto es normal como parte de un buen y balanceado portafolio de inversión. La mayoría de los inversionistas se preocupan por el «retorno [devolución] de su dinero» en lugar de «retorno [beneficio] de su dinero», como Proverbios 21:5 dice: **«Los pensamientos del diligente ciertamente tienden a la abundancia; mas todo el que se apresura alocadamente, de cierto va a la pobreza».** Así que diversifica y confía en Dios para que te dé aumento a través del tiempo.

Si tienes activos ahora, estos deberían ser apropiadamente asignados a sectores diversificados de la economía. Esta es una muestra de diversificación.

Muchos profesionales de la inversión sugieren a sus clientes mover un porcentaje más alto de activos de acciones a bonos, conforme envejecen. Esto se debe a que una persona más joven puede absorber riesgos más grandes por un pago potencialmente más alto, porque tiene más tiempo para recuperarse si el mercado tiene una caída. En contraste, un inversionista que está planeando retirarse en poco tiempo deseará una mayor estabilidad, aun cuando signifique privarse de la posibilidad de retornos más altos.

Considera los siguientes consejos para invertir sabiamente

1. La inversión no debería cambiar tu estilo de vida, ni causarte estrés, ni preocupación a ti ni a tu familia.
2. Las inversiones ganan a largo plazo, por eso es mejor mantenerlas en su lugar antes de tomar una decisión precipitada.
3. Invierte con una meta útil, como el retiro, la educación o expandir un negocio.
4. No asignes dinero para la inversión si tu presupuesto familiar no te lo permite.
5. Evita ser responsable por otros y recuerda que la fianza (salir de garantes por las deudas de otros) siempre es una imprudente estrategia de inversión.
6. Evalúa el riesgo y la ganancia. Si no puedes darte el lujo de perder, no inviertas.
7. Sé paciente y recuerda que los esquemas «vuélvase-rico-rápidamente» se basan en la avaricia, la codicia y las decisiones rápidas.
8. Sigue el consejo de Salomón: diversifica y no pongas todos los huevos en la misma canasta.
9. Comienza a invertir para el retiro tan pronto como te sea posible, especialmente si tu empleador te ofrece una contribución complementaria, pero solo después de que hayas abierto una cuenta de ahorros de emergencia.

PREGUNTA DE REFLEXIÓN

Lee Proverbios 21:5; 24:27; 27:23-24; y Eclesiastés 3:1; 11:2. ¿Qué principios de inversión puedes aprender de cada uno de estos versículos y cómo puedes aplicarlos a tu vida?

Ora al Señor

«Dios, sé que invertir de manera adecuada requiere de consejo sabio y decisiones tomadas con calma. No quiero precipitarme tomando opciones motivado por la avaricia. Quiero ser cuidadoso con lo que has puesto en mis manos y balancear el riesgo y la paciencia. Permíteme analizar e investigar mis opciones con sabiduría y ayúdame a siempre preferir la vida en abundancia que Tú me ofreces, acumulando tesoros en el cielo sin dejar de prepararme para el futuro. Amén».

Notas

ENTIENDE LAS RAZONES BÍBLICAS PARA INVERTIR

DÍA DOS

Antes de que desarrolles una estrategia de inversión personal, debes fijarte metas económicas para tu vida. Hay tres metas importantes a tener en cuenta al momento de invertir:

1. **Invierte para proveer a tu familia.**
   1 Timoteo 5:8 dice: **«Porque si alguno no provee para los suyos, y mayormente para los de su casa, ha negado la fe, y es peor que un incrédulo»**. Este principio se extiende incluso a proveer para la vejez y para dejarles herencia a tus hijos (2 Cor. 12:14).
2. **Invierte para obtener libertad financiera.**
   Uno de los objetivos de ahorrar es disminuir nuestra dependencia de un salario para cubrir nuestras necesidades. Esto nos da la libertad de disponer de nuestro tiempo para invertirlo trabajando en la obra de Dios (si es eso lo que el Señor quiere que hagamos). Mientras más intereses producen nuestros ahorros o más entradas nuestras inversiones, menos dependemos de nuestro salario. Hay quienes han ahorrado lo suficiente para disponer de un día a la semana para dedicarse a labores para el reino de Dios.
3. **Invierte para manejar un negocio.**
   Uno debería ahorrar e invertir para acumular el capital necesario para que un negocio funcione sin necesidad de pedir prestado. El capital variará sustancialmente dependiendo de la cantidad de personal e inventario que requiera el negocio.

«Miren que por tercera vez estoy listo para visitarlos, y no les seré una carga, pues no me interesa lo que ustedes tienen, sino lo que ustedes son. Después de todo, no son los hijos los que deben ahorrar para los padres, sino los padres para los hijos».
(2 Cor. 12:14 NVI)

¿CÓMO SABER SI ESTÁS INVIRTIENDO LO SUFICIENTE?

Cuando un corredor llega a la meta raras veces sigue corriendo. Sin embargo, muchas personas, después de que han cumplido con las tres metas de ahorro en inversión que acabamos de mencionar, siguen acumulando más y más. Recomendamos establecer límites en las metas de ahorro e inversión y, una vez que cumplamos con esas metas, deberíamos invertir todo el excedente en la obra de Dios o en causas que propicien el crecimiento social y espiritual de nuestra comunidad.

Es importante aclarar que no estamos hablando de hacer un voto de pobreza. Estamos hablando de invertir el excedente de un nivel de vida planeado y apropiado para nuestra familia. Sin embargo, si no nos ponemos un límite a nuestro nivel de vida y a nuestro estatus social, ¡nunca tendremos un excedente! Esta decisión nos protege de los peligros que pueden causar el «amontonar tesoros» en la tierra, como le ocurrió al hombre rico en Lucas 12:16.

El riesgo no es necesariamente malo, siempre que sepas cuáles son los riesgos probables y puedas asumirlos. Mientras menos sepas sobre las inversiones que haces, más difícil es evaluar el riesgo.

—Larry Burkett.

METAS DE INVERSIÓN QUE NO DEBES PERSEGUIR

Una meta de inversión que no deberíamos perseguir es el deseo de hacer riquezas como única motivación y por encima del llamado de Dios para nuestra vida. 1 Timoteo 6:9 dice: **«Porque los que quieren enriquecerse caen en tentación y lazo, y en muchas codicias necias y dañosas, que hunden a los hombres en destrucción y perdición»**. Estúdialo cuidadosamente y verás que está refiriéndose a aquellos cuyo único enfoque en su vida es hacer riquezas.

Es importante tener el balance y la perspectiva correcta en cuanto a la acumulación de bienes materiales. Los bienes deben llegar a la vida de los cristianos como resultado del trabajo diligente, de nuestra obediencia a Dios o porque Dios ha depositado en nosotros el don de financiar Su obra. Las riquezas deben ser el resultado de tomar decisiones correctas dirigidas por Dios para cumplir Su propósito en nuestra vida.

Cuando nuestra motivación o enfoque es hacer riquezas en vez de servir a Dios, entonces están operando en nosotros el orgullo, la avaricia o una compulsión enfermiza por prepararnos para cualquier problema económico. Por otro lado, cuando uno desea ser un fiel administrador, todo gira alrededor de Cristo. Nuestros pensamientos y nuestras acciones son motivados por un corazón puro. De esa manera, uno está sirviendo a Cristo y llegando a estar más cerca de Él.

En 1 Timoteo 6:10, Dios nos da otra razón por la cual no quiere que amemos el dinero: **«Porque raíz de todos los males es el amor al dinero, el cual codiciando algunos, se extraviaron de la fe, y fueron traspasados de muchos dolores»**. Cuando el hacer riquezas es el único enfoque en nuestra vida, estamos amando el dinero y rechazando a Dios. Nos aferramos al dinero y despreciamos a Dios. Estamos sirviendo al dinero y, por ende, no estamos sirviendo al Dios viviente. Las Escrituras nos dicen que es incorrecto amar al dinero porque no podemos amar a Dios y al dinero al mismo tiempo: **«Ninguno puede servir a dos señores; porque o aborrecerá al uno y amará al otro, o estimará al uno y menospreciará al otro. No podéis servir a Dios y a las riquezas»** (Mat. 6:24).

Es importante aclarar que el ser financieramente próspero no es algo incorrecto. Pero para que esté en orden correcto y con la bendición de Dios, esa prosperidad debe ser el resultado de haber sido un administrador fiel. Esto solo es posible aplicando los principios que Dios establece en Su Palabra y poniendo a Dios siempre primero en nuestras vidas. Nunca podremos hacer la voluntad de Dios mientras violamos la Palabra de Dios.

¿Cómo podemos vencer la tentación de la codicia y la avaricia? Recordando que podemos huir y seguir. Pablo le aconseja a Timoteo: **«Mas tú, oh hombre de Dios, huye de estas cosas, y sigue la justicia, la piedad, la fe, el amor, la paciencia, la mansedumbre»** (1 Tim. 6:11). Cuando identificas alguna actitud incorrecta en tu vida o, por ejemplo, te das cuenta de que estás motivado por el deseo de acumular bienes materiales, debes huir de esa tentación y reemplazarla con la búsqueda de la piedad. Analiza cuál es el deseo que impulsa tu corazón y quizás encuentres actitudes o patrones incorrectos. Luego debes seguir al Señor y a Su Palabra.

La mejor manera de escapar de la tentación es seguir a Jesús como nuestro Señor. Podemos hacerlo con la plena confianza porque Jesús ya venció la máxima tentación de enriquecerse. Después de que Jesús ayunó durante cuarenta días y cuarenta noches en el desierto, vino el diablo y lo tentó tres veces. En Lucas 4:5-7 vemos la última tentación:

> **«Y le llevó el diablo a un alto monte, y le mostró en un momento todos los reinos de la tierra. Y le dijo el diablo: A ti te daré toda esta potestad, y la gloria de ellos; porque a mí me ha sido entregada, y a quien quiero la doy. Si tú postrado me adorares, todos serán tuyos».**

¿Puedes imaginarte la gran tentación de enriquecerse que tuvo que enfrentar Jesús? A Jesús le ofrecieron todos los reinos de este mundo en un instante. Pero como Él estaba totalmente sujeto al Padre y tenía el poder de ese mismo Espíritu Santo que mora en nosotros, pudo resistir la tentación.

Nosotros también podemos vencer cuando estamos sujetos a la voluntad del Padre y queremos cumplir el propósito de Dios para nuestras vidas por encima de cualquier oferta tentadora que nos pueda hacer el mundo. Ten presente que siempre que ponemos a Dios primero, sujetándonos y caminando en Su voluntad para nuestra vida, Dios bendecirá nuestro camino y el favor de Dios nos alcanzará.

PREGUNTA DE REFLEXIÓN

Lee Eclesiastés 5:10; Marcos 4:18-19; y 1 Timoteo 6:17. Según estos versículos, ¿cuál es el peligro de ir tras las riquezas mundanas más que por las recompensas eternas?

____

____

____

____

Ora al Señor

> *«Dios, te pido que me des Tu perspectiva para aprender a ver la riqueza de la forma en que Tú la ves. Quiero ser un siervo agradecido que trabaja para proveer para su casa y sus negocios con agradecimiento por Tus bendiciones. No quiero enamorarme del dinero, quiero amarte solo a Ti. No me dejes invertir motivado por la codicia, la envidia, el orgullo o la ignorancia. Que pueda ser un mayordomo fiel que sigue Tus pasos hacia la vida en abundancia. Gracias por Tu abundante provisión. Amén».*

Notas

EVITA LA CODICIA AL INVERTIR

DÍA TRES

Uno de los peligros más grandes de invertir es el éxito. Puede sonar extraño, pero debido a las ganancias que se pueden hacer y multiplicar rápidamente en un mercado fuerte, existe el potencial para que una actitud de «hacerse-rico-rápido» se filtre en el corazón de una persona. Si has visto alguna vez la película de *Wall Street* (1987), probablemente recordarás la famosa escena donde el asaltante corporativo de ficción Gordon Gekko anuncia: «La codicia es buena». Tristemente, esto ha sido considerado como sabiduría profunda por muchos inversionistas, ya sea que lo reconozcan plenamente o no.

Los ciudadanos solemos gozar de lo que se ha denominado «libre empresa», nuestra capacidad como individuos de participar en actividades económicas sin impedimentos. En un sentido, este concepto está constituido bajo el principio de que diferentes personas, actuando por su propio interés, pueden beneficiarse mutuamente a sí mismas y a la sociedad por igual sin limitaciones. Sin embargo, el interés personal está muy lejos de la codicia.

El apóstol Pablo le escribió a la Iglesia de Corinto: **«Más bien os escribí que no os juntéis con ninguno que, llamándose hermano, fuere fornicario, o avaro, o idólatra, o maldiciente, o borracho, o ladrón; con el tal ni aun comáis»** (1 Cor. 5:11). ¿Te das cuenta? La codicia y la avaricia son tan serias que Pablo instruye a los corintios que ni siquiera coman con gente que se llame a sí misma cristiana, pero que sea conocida por ser avara y codiciosa. ¡Y los coloca en la misma categoría de los sexualmente perversos y de aquellos que reverencian a ídolos!

Porcentaje de ciudadanos de una nación encuestada que no tienen nada para el retiro: 36%.[10]

Conforme nos vayamos acercando a la inversión, esto reflejará la dirección de nuestro corazón. Una vez, John Wesley predicó sobre el dinero: «Ganen todo lo que puedan, ahorren todo lo que puedan, den todo lo que puedan». Conforme consideras tu estrategia personal de inversión, haz todo lo posible para «ganar todo lo que puedas», pero recuerda guardar tu corazón y mantén al frente el propósito principal por el que estás invirtiendo: dar todo lo que puedas.

[10] Fuente: Federal Reserve, Joint Economic Committee. Sallie Mae, Transunion; verificado Julio 24, 2012.

Cuatro actitudes que destruyen el corazón de un inversionista fiel

- **La codicia:** el deseo continuo de tener más y demandar solo lo mejor. **«Porque los que quieren enriquecerse caen en tentación y lazo, y en muchas codicias necias y dañosas, que hunden a los hombres en destrucción y perdición»** (1 Tim. 6:9).
- **La envidia:** el deseo de lograr basándose en los éxitos de los demás. **«Porque tuve envidia de los arrogantes, viendo la prosperidad de los impíos»** (Sal. 73:3).
- **El orgullo:** el deseo de ser exaltado debido a los logros materiales. **«A los ricos de este siglo manda que no sean altivos, ni pongan la esperanza en las riquezas, las cuales son inciertas, sino en el Dios vivo, que nos da todas las cosas en abundancia para que las disfrutemos»** (1 Tim. 6:17).
- **La ignorancia:** falta de discernimiento al seguir el consejo imprudente de gente necia. **«Vete de delante del hombre necio, porque en él no hallarás labios de ciencia»** (Prov. 14:7).

PREGUNTA DE REFLEXIÓN

De acuerdo con lo que has aprendido acerca de las inversiones, ¿cuáles son algunas de las formas de mantener la perspectiva correcta acerca de ganar dinero?

Ora al Señor

«Padre, sabes que quiero vivir para Ti en medio de un mundo que premia el acaparar dinero y el logro desmedido del éxito en lo material. Sé que el dinero es una herramienta que puedo utilizar para el bien y para el mal. Quiero aprender a utilizarlo para darte gloria, no para darme gloria. No quiero ser codicioso, dame el regalo de un corazón humilde que no pone su valor en los logros, sino en la vida en abundancia que me ofreces. Permíteme ser fiel en la forma en que administro el dinero, sea mucho o sea poco. Amén».

SESIÓN

6 Trabaja fielmente

¡TRABAJA DURO!

La Escritura fomenta el trabajo duro y la diligencia en tanto que reprende la pereza: **«Todo lo que te viniere a la mano para hacer, hazlo según tus fuerzas; porque en el Seol, adonde vas, no hay obra, ni trabajo, ni ciencia, ni sabiduría»** (Ecl. 9:10). **«El indolente ni aun asará lo que ha cazado; pero haber precioso del hombre es la diligencia»** (Prov. 12:27). **«También el que es negligente en su trabajo es hermano del hombre disipador»** (Prov. 18:9). La vida de Pablo fue un ejemplo de trabajo duro:

> **«Ni comimos de balde el pan de nadie, sino que trabajamos con afán y fatiga día y noche, para no ser gravosos a ninguno de vosotros; no porque no tuviésemos derecho, sino por daros nosotros mismos un ejemplo para que nos imitaseis»** (2 Tes. 3:8-9).

«Nosotros no vivimos como ociosos entre ustedes, ni comimos el pan de nadie sin pagarlo. Al contrario, día y noche trabajamos arduamente y sin descanso para no ser una carga a ninguno de ustedes. Y lo hicimos así no porque no tuviéramos derecho a tal ayuda, sino para darles buen ejemplo».
(2 Tes. 3:8-9 NVI)

¡PERO NO TRABAJES EN EXCESO!

El trabajo duro, sin embargo, debe balancearse con las otras prioridades de la vida. Si tu trabajo demanda demasiado de tu tiempo y energía, tanto que te lleva a abandonar tu relación con Cristo o con tus amados, entonces trabajas demasiado. Determina si el trabajo en sí mismo es muy demandante o si tus hábitos de trabajo necesitan un cambio.

En Éxodo 34:21 leemos: **«Seis días trabajarás, mas en el séptimo día descansarás; aun en la arada y en la siega, descansarás»**. Hoy en día eso sería aplicable a descansar un día de siete. Puede ser difícil para todos nosotros, particularmente en los tiempos de «arar y segar», cuando los seis días de trabajo se convierten en siete sin descanso. El Señor instituyó el descanso semanal para nuestra salud física, mental y espiritual. A menudo, se requiere de la fe en Dios para tener descanso de nuestro trabajo.

HAZ UN BUEN TRABAJO

Para la mayor parte de nosotros, el trabajo consumirá considerables horas de nuestras vidas. Sería trágico sentirte deprimido o frustrado en tu trabajo, desperdiciando los talentos que Dios te ha dado.

En 1666 al famoso arquitecto Sir Christopher Wren le fue encargado ayudar a reconstruir Londres, después de que la ciudad fuera casi destruida por un incendio. En una ocasión, visitó el sitio en que una catedral se construía. Al ver a uno de los trabajadores en un andamio alto, le preguntó en qué estaba trabajando. Sin reconocer quién estaba haciendo esa pregunta, el trabajador respondió con orgullo: «¡Estoy ayudando a Sir Christopher Wren a construir una catedral!».

Ahora bien, podría haber sido honesto si el trabajador hubiera respondido: «¡Estoy poniendo las tejas en el tejado!» o «¡Estoy colocando ladrillos!». Inclusive podría haber dicho algo como: «¡Estoy ganándome la vida!», y también eso hubiera sido la verdad. Pero él tenía una perspectiva más grande de su trabajo. No veía solo la tarea que tenía delante de él. Él vio lo bueno que vendría de sus esfuerzos, una catedral. El trabajador también pudo apreciar el valor de su trabajo. No estaba trabajando solo para una iglesia vieja, él estaba ayudando a Sir Christopher Wren a construir una catedral.

El trabajo puede ser algo que puede llevar pan a la mesa o, como en el caso del trabajador, puede volverse algo trascendente, infundiéndonos un sentido de propósito, satisfacción y gozo.

Trabajar no es malo. Desde el principio, fue una parte esencial del diseño de Dios para los seres humanos.

FUISTE CREADO PARA TRABAJAR

En el principio, antes que el pecado hubiera entrado en la tierra, la Biblia nos dice: **«Tomó, pues, Jehová Dios al hombre, y lo puso en el huerto de Edén, para que lo labrara y lo guardase»** (Gén. 2:15). El trabajo no es una ocurrencia tardía o un mal necesario que surgió después de la caída. Desde el principio es más bien una parte esencial del diseño de Dios para los seres humanos.

Sin embargo, algo cambió después de que nuestros primeros padres pecaran, lo cual explica la frustración que muchas personas asocian con su trabajo. Dios le dijo a Adán: **«Maldita será la tierra por tu causa; [...]. Espinos y cardos te producirá, [...]. Con el sudor de tu rostro comerás el pan»** (Gén. 3:17-19). Es posible que tu trabajo no te ponga en contacto directo con cardos y espinas cada día, pero ¡las dificultades que surgen al trabajar en un mundo caído son muy reales!

TÚ TRABAJO ES UN MEDIO PARA EL SUSTENTO DIARIO

El trabajo es la solución de Dios para la pobreza personal. El Nuevo Testamento dice: **«Porque también cuando estábamos con vosotros, os ordenábamos esto: Si alguno no quiere trabajar, tampoco coma»** (2 Tes. 3:10). Si queremos proveer para nosotros y nuestras familias, debemos estar dispuestos a trabajar.

Deberían notarse 2 cosas. La primera: Pablo solo está hablando de las personas que «no están dispuestas a trabajar». No incluye a quienes, debido a una discapacidad u otro problema serio, están imposibilitados para trabajar. Las personas que no pueden trabajar deben ser cuidadas y tratadas con dignidad.

La segunda: hay muchas personas que trabajan duro, pero no son formalmente empleados y no tienen un salario. Las amas de casa son el principal ejemplo. Pero hay muchas otras personas que pertenecen a la misma categoría, pues un cheque salarial o una tarjeta de presentación no definen lo que es un trabajo. Algunos de los trabajos más importantes que glorifican a Dios son realizados por personas que no están en una lista de nómina.

PREGUNTAS DE REFLEXIÓN

Lee Proverbios 6:6-11. ¿Qué dice Dios acerca de trabajar duro?

¿Trabajas duro? Si no, describe qué pasos tomarás para mejorar tus hábitos de trabajo.

Ora al Señor

«Señor, entiendo que el trabajo es parte del diseño que creaste para mi vida y que quieres que sea un trabajador esforzado y valiente que hace las cosas con excelencia. Ayúdame a ser ese siervo que todo lo hace como para Ti y no como para los hombres. Permíteme que pueda ver el trabajo como parte de la vida abundante que me ofreces y que las personas a mi lado puedan verte a Ti mientras hago mis labores diarias. En el nombre de Jesús te lo pido. Amén».

Memoriza las Escrituras

Antes de iniciar tu estudio personal de esta semana, selecciona el versículo que mejor se relaciona contigo y memorízalo.

- *«El que labra su tierra se saciará de pan; mas el que sigue a los ociosos se llenará de pobreza»*
  (Prov. 28:19).

- *«Porque somos hechura suya, creados en Cristo Jesús para buenas obras, las cuales Dios preparó de antemano para que anduviésemos en ellas»*
  (Ef. 2:10).

- *«Y todo lo que hagáis, hacedlo de corazón, como para el Señor y no para los hombres; sabiendo que del Señor recibiréis la recompensa de la herencia, porque a Cristo el Señor servís»*
  (Col. 3:23-24)

DESCUBRE TU LLAMADO

DÍA UNO

Dios ha dado a cada uno de nosotros un llamado o propósito específico: **«Porque somos hechura suya, creados en Cristo Jesús para buenas obras, las cuales Dios preparó de antemano para que anduviésemos en ellas»** (Ef. 2:10). **«Somos hechura suya» significa que Dios ha dado a cada uno de nosotros habilidades especificas físicas, emocionales y mentales. Es posible que hayas oído la expresión «después de que el Señor te hizo, rompió el molde».** ¡Es verdad! Estás dotado de manera única. Nadie en toda la historia —pasada, presente o futura— fue, es o será como una copia exacta de ti.

El pasaje continúa: **«Creados en Cristo Jesús** [nacidos de nuevo] **para buenas obras, las cuales Dios preparó de antemano** [planeadas y encaminadas por Él previamente] **para que anduviésemos en ellas** [vivir la buena vida que Él predispuso y preparó]». Dios nos creó para una tarea particular, dotándonos con habilidades y deseos para lograrla.

> La mayordomía de tus talentos es tu primera responsabilidad. Solo existe uno como como tú y eres único como un copo de nieve. Tienes que saber que Dios te creó para ser único. Entonces debes ser tú mismo.
>
> —Larry Burkett

Las personas se preguntan con frecuencia si Dios quiere que ellas continúen en su trabajo después de que entregaron sus vidas a Cristo. Muchos sienten que no están sirviendo a Él de manera significativa si permanecen en sus trabajos, pero por lo regular no es el caso. La clave radica en que cada persona identifique el llamado de Dios para su vida. Stanley Tam se refirió a este punto en su libro, «God owns my business» [Dios posee mi negocio]:

> Aun cuando creo en la aplicación de buenos principios en los negocios, pongo mucha más confianza en la convicción de que tengo un llamado de Dios. Estoy convencido de que Su propósito para mí está en el mundo de los negocios. Mi negocio es mi púlpito.

En años recientes se ha identificado un efecto muy interesante en los trabajadores, denominado «El síndrome del domingo por la tarde». Se caracteriza por una sensación de miedo o ansiedad al reconocer que el fin de semana está llegando a su fin y se acerca el inicio de la jornada laboral. Las estadísticas indican que dos tercios de los trabajadores sufren de este mal.

Este fenómeno se manifiesta en una serie de síntomas físicos y mentales que pueden ser asociados no solo al hecho de que termina el fin de semana, sino a una serie de factores que pueden causar el desasosiego que se siente el domingo por la tarde (o bien el día antes del inicio de su semana laboral):

- Agotamiento físico y mental causado por el exceso de trabajo
- Desequilibrio entre la vida laboral y personal
- Un mal ambiente laboral o una cultura corporativa tóxica
- Una sensación de falta de preparación para las tareas asignadas
- El síndrome del impostor (inseguridad en relación con sus logros profesionales)
- El trabajo realizado no es parte de la vocación o el diseño único dado por Dios. **Es realizable, pero no provoca felicidad realizarlo.**

El 42% de los trabajadores reportaron bajo interés en su funciones laborales, sentimientos de agotamiento de energía y negativismo respecto a su trabajo.[11]

En el Antiguo Testamento se esperaba que el pueblo de Dios ofreciera lo primero y mejor a Dios. Esto no ha cambiado. Dios no quiere las sobras, Él quiere el primer lugar en nuestra vida. Cuando se trata del trabajo, entonces, ¿no tiene sentido que ofrezcamos lo primero y mejor a Dios también allí? Esto significa, por supuesto, trabajar duro, pero también significa ser un buen mayordomo de nuestros talentos y nuestras habilidades. En otras palabras, necesitamos descubrir cómo Dios nos ha hecho de forma única, para que devolvamos a Él lo mejor de nosotros.

En la Biblia, el trabajo es adoración. De hecho, las dos ideas están tan conectadas que, en el hebreo clásico, las palabras utilizadas en el Antiguo Testamento para «trabajo» se pueden traducir también como «adoración». Cuando vemos al trabajo como una oportunidad para glorificar a Dios, podemos encontrar significado y satisfacción en lo que hacemos.

¿Dónde crees que te encuentras en relación con el trabajo? ¿Trabajas para proveer para ti y tu familia? ¿Trabajas desde las fuerzas que Dios te da para que no sea una tarea rutinaria? Y, sobre tu perspectiva espiritual, ¿ves tu trabajo como una oportunidad para adorar a Dios?

[11] Fuente: Future Forum Pulse, Winter Snapshot, febrero 2023.

Es un gran consuelo saber que el «llamado» de la vocación sagrada se traslada a todos los ámbitos de la vida. La clave es que nosotros identifiquemos el llamado de Dios para nuestras vidas. Esto reconoce que Dios, estratégicamente, coloca a Sus hijos exactamente donde Él quiere que sirvan.

PREGUNTAS DE REFLEXIÓN

Lee Génesis 39:2-5; Éxodo 35:30-35; 36:1-2; y el Salmo 75:6-7. ¿Qué nos dicen estos versículos sobre la participación de Dios en nuestro trabajo?

¿Cómo estas verdades difieren de la forma en que la mayoría de las personas ven el trabajo? ¿Cómo esta perspectiva debe impactar el trabajo?

Ora al Señor

«Padre, gracias por el diseño único que me has dado. Gracias porque, desde antes de que yo naciera, me habías preparado para darte gloria con mi trabajo. Dios, me creaste con habilidades únicas y con talentos especiales. Ayúdame a encontrar mi vocación de manera que pueda disfrutar del regalo del trabajo como parte de una vida en abundancia. Que pueda ser luz en donde laboro y que mi trabajo sea una alabanza para Ti. Amén».

Notas

DIVERSIFICA TUS INGRESOS

DÍA DOS

Durante tiempos de incertidumbre económica, es importante considerar todas las formas en que Dios te puede proveer. Debes considerar el consejo de Salomón: **«Por la mañana siembra tu semilla, y a la tarde no dejes reposar tu mano; porque no sabes cuál es lo mejor, si esto o aquello, o si lo uno y lo otro es igualmente bueno»** (Ecl. 11:6).

Este versículo recomienda que una persona tenga dos ingresos. ¿Tienes una habilidad extra o un pasatiempo que pudiera proveerte un ingreso adicional? Puede tratarse de una actividad que no tenga ninguna relación con tu empleo regular. Cada uno tiene intereses, pasatiempos o talentos que de convertirlos en un negocio pueden ser una fuente potencial de ingresos.

También podrías diversificar tu ingreso encontrando medios adicionales a tu conjunto de habilidad principal. Quizás eres un contador o un diseñador gráfico con un trabajo de tiempo completo. Estarías en capacidad de tomar dinero adicional al ser contratado independientemente, para desarrollar la actividad en las tardes o los fines de semana.

En el actual mercado de trabajo, con un creciente énfasis en el empleo de tiempo parcial y contratos, además de la creciente oferta de trabajos desde tu casa, conseguir esa fuente extra de ingreso puede ser más fácil que en el pasado. Un negocio familiar también es una buena manera de proveer un flujo adicional de ingresos. Considera iniciar una pequeña empresa que involucre a tu cónyuge o tus hijos.

Todos tenemos dones y talentos especiales. La mejor inversión que puedes hacer es desarrollarlos al máximo para utilizarlos en tu trabajo regular o negocio. Esta debería ser la prioridad más alta, aún más que las inversiones pasivas. Recuerda que un trabajo seguro es un salario pagado a cambio de las horas que trabajas. Si eres capaz de renunciar a un salario regular, el riesgo que tomas te posibilitará ganar las utilidades de tu trabajo en contraposición al salario garantizado. Idealmente, tomar ese riesgo proveerá el potencial para una recompensa mayor por tu trabajo.

Más de un tercio (36%) de una nación encuestada está iniciando o planeando iniciar un negocio secundario.[12]

Sabemos que emprender un negocio y depender solamente de él no es para todos. Sin embargo, el crear ingresos pasivos al lado de tu trabajo de tiempo completo te permitirá prepararte en caso de la pérdida de tu empleo o que el mercado fluctúe hacia la baja en el área en que te desempeñas. Recuerda tener cuidado con los esquemas de «hágase-rico-rápidamente». El mercado está lleno de estas supuestas oportunidades mágicas de ingresos. Es sabio el hacer un profundo análisis de estas empresas que ofrecen altísimos dividendos de la noche a la mañana con poco o ningún esfuerzo. Por lo general son empresas sin ningún historial comprobado por años en el mercado y con representantes de reputación dudosa.

[12] Fuente: World Economic Forum, 2022.

Emprender tu propio negocio debe ser un proyecto para el que debes trabajar con excelencia y deseos de hacerlo crecer con mucho orden financiero. Los clientes esperan de ti servicios y productos de calidad. Esto incluye: precios justos, entregas a tiempo y un servicio al cliente de primera categoría. Esto sin ignorar que sirves primero a Dios. Aquí te dejamos algunas ideas de negocios para emprender en diferentes áreas de especialización, en los que necesitas conocimientos previos o prepararte para brindar un servicio adecuado en cada uno:

- Compra de productos en masa y venta en línea por unidades
- Fotografía y video para eventos sociales
- Entrenamiento físico a domicilio
- Fabricación de velas aromáticas y jabones
- Diseño de páginas web y aplicaciones móviles
- Servicio de paquetería y mensajería
- Decoración de eventos
- Cursos o clases de idiomas
- Restaurante, cafetería o camión de comida rápida.
- Elaboración de utensilios en cerámica
- Fabricación de muebles en madera
- Creación de objetos artísticos
- Mantenimiento de casas y jardines
- Diseño y fabricación de joyas
- Panadería y alimentos artesanales
- Consultorías en tu área profesional
- Confección textil y modas

EVALUA TU AMBICIÓN

La Biblia no condena la ambición, sino la posible actitud y motivación detrás de ella. Muchas veces, identificamos a la palabra *ambición* con conceptos negativos: avaricia, avidez, codicia o egoísmo. Sin embargo, debemos reconocer que existen dos caras de la misma moneda. Ambición también puede significar tener pasión por algo, ansias, anhelos, esperanzas y deseos. La Biblia no es enemiga de la ambición, solo de la ambición equivocada. Nuestra ambición no debe ser motivada por nuestros deseos egoístas:

> **«Por tanto, si hay alguna consolación en Cristo, si algún consuelo de amor, si alguna comunión del Espíritu, si algún afecto entrañable, si alguna misericordia, completad mi gozo, sintiendo lo mismo, teniendo el mismo amor, unánimes, sintiendo una misma cosa. Nada hagáis por contienda o por vanagloria; antes bien con humildad, estimando cada uno a los demás como superiores a él mismo; no mirando cada uno por lo suyo propio, sino cada cual también por lo de los otros»** (Fil. 2:1-4).

«Por tanto, si sienten algún estímulo en su unión con Cristo, algún consuelo en su amor, algún compañerismo en el Espíritu, algún afecto entrañable, llénenme de alegría teniendo un mismo parecer, un mismo amor, unidos en alma y pensamiento. No hagan nada por egoísmo o vanidad; más bien, con humildad consideren a los demás como superiores a ustedes mismos. Cada uno debe velar no solo por sus propios intereses, sino también por los intereses de los demás».
(Fil. 2:1-4 NVI)

La motivación de nuestra ambición debe ser agradar a Cristo. Debemos tener un ardiente deseo de ser cada vez más fieles administradores de las posesiones y habilidades que el Señor nos ha dado. En nuestro trabajo debemos esmerarnos en complacer al Señor, cumpliendo con nuestras responsabilidades de la mejor manera posible.

PREGUNTA DE REFLEXIÓN

¿Crees que conoces el diseño de Dios para tu vida en tu área laboral? ¿Te gustaría iniciar un negocio secundario? Escribe algunas ideas de posibles emprendimientos, basándote en tus habilidades y talentos personales.

Ora al Señor

«Dios, hoy he aprendido que eres un Padre que me motiva a utilizar todos mis conocimientos para diversificar mis fuentes de ingreso. Sé que deseas que tenga un balance entre mi vida laboral y el descanso. Sin embargo, también sé que en ocasiones no he usado el tiempo de manera sabia y lo he derrochado, aun en tiempo de escasez de recursos. Te pido que me ayudes a utilizar mis habilidades y talentos de una forma creativa para diversificar mi ingreso. Dame un corazón con la ambición por la vida en abundancia y que con todo lo que haga te pueda agradar. Amén».

Notas

RECONOCE TUS RESPONSABILIDADES COMO TRABAJADOR

DÍA TRES

Podemos identificar seis grandes responsabilidades de los empleados piadosos examinando la historia de Daniel en el foso de los leones. En Daniel 6, Darío, el rey de Babilonia, constituyó a 120 personas para administrar el gobierno y tres personas (una de las cuales era Daniel) para supervisar a los administradores. Debido al servicio sobresaliente de Daniel, el rey Darío decidió promoverlo para gobernar todo el reino.

Los filósofos pares o colegas de Daniel buscaron una forma de descalificarlo, pero no pudieron encontrar una base para la acusación. Como conocían la devoción de Daniel por Dios, le pidieron al rey Darío promulgar una ley requiriendo a todos a adorar únicamente al rey o morir en el foso de los leones. Daniel rehusó dejar de adorar a Dios y Darío lo arrojó a los leones. Cuando Dios rescató a Daniel enviando un ángel para cerrar a la boca de los leones, el agradecido rey ordenó a todos sus súbditos honrar al Dios de Daniel. Daniel modeló las seis características de los empleados cristianos:

1. **Sé honesto en tu trabajo**
   Daniel 6:4 dice que los compañeros de trabajo de Daniel no pudieron encontrar deshonestidad en él y en su trabajo: **«... mas no podían hallar ocasión alguna o falta, [...] y ningún vicio ni falta fue hallado en él...».**

2. **Sé fiel en tu trabajo**
   Los empleados creyentes se esfuerzan por ser leales, dignos de confianza y excelentes en su trabajo, tal como **Daniel «era fiel»** (Dan. 6:4).

3. **Mantén una actitud de oración en tu trabajo**
   Los empleados creyentes son personas de oración: **«Cuando Daniel supo que el edicto había sido firmado** [restringiendo la adoración solo al rey], **[...] se arrodillaba tres veces al día, y oraba y daba gracias delante de su Dios, como lo solía hacer antes»** (Dan. 6:10).

4. **Sé leal a tu empleador**
   El rey había sido engañado al sentenciar a Daniel al foso de los leones. La reacción de Daniel fue honrar a su empleador, independientemente de las circunstancias: **«Entonces Daniel respondió al rey: Oh rey, vive para siempre»** (Dan. 6:21). Los empleados creyentes siempre honran a sus superiores: **«Criados [empleados], estad sujetos con todo respeto a vuestros amos [empleadores]; no solamente a los buenos y afables, sino también a los difíciles de soportar»** (1 Ped. 2:18). Una forma de honrar a nuestros empleadores es rehusándose a chismear detrás de sus espaldas, independientemente de sus debilidades.

5. **Honra a tus compañeros**
   Algunas personas pueden intentar dañar tu reputación o hacer que te despidan para asegurar una promoción. Con Daniel, no solo hicieron eso sino que incluso trataron de asesinarlo. A pesar de ello, él no hizo nada más que honrar a sus compañeros de trabajo. Los empleados creyentes y seguidores de Cristo evitan la política y manipulación en la oficina para asegurarse una

promoción: **«No acuses al siervo ante su señor, no sea que te maldiga, y lleves el castigo»** (Prov. 30:10).

Tu jefe no controla las promociones o los asensos; Dios es quien lo hace. El Salmo 75:6-7 dice: **«Porque ni de oriente ni de occidente, ni del desierto viene el enaltecimiento. Mas Dios es el juez; a este humilla, y a aquel enaltece»**. Puedes estar satisfecho con tu trabajo si te enfocas en ser leal, en honrar a tus superiores y alentar a otros empleados. Una vez que hayas hecho esto, puedes descansar con la certeza de que Cristo te promoverá, si Él así lo decide.

6. **Ten fe**

El rey Darío jamás hubiera conocido de Dios si Daniel no hubiera comunicado su fe en los momentos propicios mientras trabajaba: **«Y acercándose al foso llamó a voces a Daniel con voz triste, y le dijo: Daniel, siervo del Dios viviente, el Dios tuyo, a quien tú continuamente sirves, ¿te ha podido librar de los leones?»** (Dan. 6:20). La fidelidad y la confianza de Daniel en Dios influyeron al rey Darío. Escucha la respuesta del rey: **«De parte mía es puesta esta ordenanza: Que en todo el dominio de mi reino todos teman y tiemblen ante la presencia del Dios de Daniel; porque él es el Dios viviente y permanece por todos los siglos, y su reino no será jamás destruido, y su dominio perdurará hasta el fin»** (Dan. 6:26).

Daniel tuvo influencia con su empleador, una de las personas más poderosas en el mundo, para que creyera en el único Dios verdadero. Tienes esa misma oportunidad de presentar al Dios dador de la vida en tu esfera de trabajo. Al ver tu trabajo desde la perspectiva de Dios, lo que es insatisfacción se convierte en contentamiento. Con un trabajo bien hecho: el trabajo fastidioso y arduo se vuelve emocionante al presentarles a otros al Salvador.[13]

PREGUNTAS DE REFLEXIÓN

Lee Efesios 6:5-9; Colosenses 3:22-25; y 1 Pedro 2:8. Según estos versículos, ¿qué responsabilidad tienen el empleado y el empleador?

¿Para quién trabajas en realidad? ¿Cómo este conocimiento cambiará tu desempeño en el trabajo?

[13] Respeta siempre las regulaciones de la institución donde laboras con respecto a la práctica de tu fe.

Ora al Señor

«Jesús, hoy quiero pedirte humildemente que me ayudes a ser un trabajador con una vida en abundancia. No quiero ver mi trabajo solo como una forma de hacer dinero, sino como una oportunidad para darte gloria y mostrar lo que estás haciendo en mi vida. Ayúdame a ser honesto, fiel, a tener un espíritu de oración, a honrar a mi empleador, a honrar y amar a mis compañeros de trabajo, y a ser sal y luz con cada uno de ellos y en cada tarea asignada. Te lo pido en Tu nombre. Amén».

Notas

SESIÓN

Sé un mayordomo fiel

La mayordomía es un principio cristiano que enfatiza el manejo responsable de los recursos. De acuerdo con la Biblia, toda la creación es de Dios, y solo somos cuidadores o administradores temporales de lo que Dios nos ha dado. Una vez que aceptamos a Jesús, se nos presenta un llamado a la transformación integral de nuestra vida, de manera que nos podamos acercar más al plan original de Dios para nosotros. Dios te ama tal y como estás actualmente, sin embargo, te invita a entregar las partes de tu vida donde sabes que puedes mejorar. Todas las áreas pueden ser impactadas por el poder de Dios obrando dentro de nosotros.

Hemos escuchado muchas veces el llamado bíblico a **«sed, pues, vosotros perfectos, como vuestro Padre que está en los cielos es perfecto»** (Mat. 5:48). Este pasaje se debe atender con mucho cuidado, ya que la búsqueda de la perfección puede generar frustración, ya que solo Dios es perfecto. Muchos, que no han tenido consejo espiritual adecuado, han abandonado el cristianismo al pensar que este camino a la perfección es inalcanzable. Dios no nos ha llamado a la perfección, nos ha llamado a dar lo mejor de nosotros en todo lo que hacemos. No se trata de trabajar hasta el agotamiento físico y emocional al no lograr los resultados esperados. La vida en abundancia a la que Dios nos invita se trata de agregar amor a cada cosa que hacemos, de manera que podamos dar gloria a Él con nuestra forma de vivir.

En ocasiones hacemos cosas con una falsa creencia de que nos harán buenos o mejores, cuando en realidad lo que debemos entender es por qué las hacemos y qué conseguimos al hacerlas. Es decir, hacemos lo que hacemos como resultado de lo que Dios hace en nosotros y no para que darle sentido a nuestra vida ni para que Dios nos ame más. «El problema es hacer las cosas por obligación en vez de por verdadero amor».[14] Nuestra meta como cristianos es amar **«al Señor tu Dios con todo tu corazón, y con toda tu alma, y con toda tu mente» y amar «a tu prójimo como a ti mismo»** (Mat. 22:37-40). «No podemos amar a menos que seamos libres de no amar, y observar los efectos de ambas opciones».[15]

«El concepto subyacente de todo lo que hacemos es la libertad».[16] Sin embargo, no todas las opciones que tomemos nos serán de utilidad. Empecemos con un ejemplo sencillo: imagina que has tenido un día muy pesado de trabajo. Quieres llegar a casa para descansar, pero al sentarte en la sala ves en tu teléfono una notificación con algo «muy especial» para ti. Esa notificación hace que olvides tu cansancio y, cuando te das cuenta, has perdido tres horas viendo videos o lo que tus conocidos hicieron en sus vacaciones. Tuviste la libertad de escoger esto, pero

[14-16] Fuente: Cloud, Henry y Townsend, John, False Assumptions [Suposiciones falsas], (Grand Rapids, Zondervan, 1994), 130.

ahora estás más cansado, olvidaste comer, te sientes frustrado porque tu vida no se ve tan bien como la de tus conocidos, perdiste la oportunidad de descansar o tener una conversación significativa con familia, o bien aprovechar el tiempo en algo que te permitiera crecer como persona y te ayudara a relajarte. ¿Te suena familiar esta historia?

Pablo dijo: **«Todas las cosas me son lícitas, mas no todas convienen; todas las cosas me son lícitas, mas yo no me dejaré dominar de ninguna»** (1 Cor. 6:12). Y tiene toda la razón, tenemos libertad de comportarnos como queramos, pero como mayordomos de nuestra vida estamos llamados a administrar nuestro tiempo de una forma que honre a Dios. Para explicar más este tema con una metáfora utilizada por Jesús, comparémonos a nosotros mismos con un árbol. Podríamos decir que lo que creemos son nuestras raíces y nuestros comportamientos son la parte visible del árbol, sus ramas y frutos. Jesús dice:

> **«No es buen árbol el que da malos frutos, ni árbol malo el que da buen fruto. Porque cada árbol se conoce por su fruto; pues no se cosechan higos de los espinos, ni de las zarzas se vendimian uvas. El hombre bueno, del buen tesoro de su corazón saca lo bueno; y el hombre malo, del mal tesoro de su corazón saca lo malo; porque de la abundancia del corazón habla la boca»** (Luc. 6:43-45).

«Ningún árbol bueno da fruto malo; tampoco da buen fruto el árbol malo. A cada árbol se le reconoce por su propio fruto. No se recogen higos de los espinos ni se cosechan uvas de las zarzas. El que es bueno, de la bondad que atesora en el corazón produce el bien; pero el que es malo, de su maldad produce el mal, porque de lo que abunda en el corazón habla la boca».
(Luc. 6:43-45 NVI)

En nuestro estado natural, somos árboles que creen que pueden ser nutridos con el mundo. Buscamos adquirir riquezas a través de las posesiones. Cuando aceptamos a Cristo como nuestro Señor, nos convertimos en árboles sobrenaturales, que entienden que todo pertenece a Dios. Por lo tanto, aprendemos a ver las riquezas desde la perspectiva de Dios. Como este nuevo árbol, sabemos que nosotros mismos y todo a nuestro alrededor pertenecen al Señor.

Un árbol de mala raíz difícilmente dará buen fruto. Sin embargo, muchas veces pensamos que, si tan solo mejoramos nuestro fruto, todo cambiará. El problema es que no dejamos que el Señor sane primero nuestra raíz, enfocándonos en cambiar lo que hacemos en vez de empezar por cambiar el por qué lo hacemos. Podríamos entrenar a nuestro árbol para que dé frutos que en apariencia son buenos, pero cuando las tormentas muevan nuestro árbol, cuando las sequías vengan y amaine el agua, solo un árbol con buena raíz se sostendrá y tendrá la capacidad de seguir brindando buen fruto.

Nuestro árbol debe ser nutrido por el amor del Padre, de manera que nuestras creencias incluyan el amor al prójimo y el amor a Dios. Lo que Dios quiere de nosotros es que busquemos la transformación interna, para que nuestro fruto perdure. Estás llamado a ser administrador integral de tu vida, de todas las áreas: finanzas, talento, tiempo y cuerpo. Y todas ellas en relación con quienes te rodean.

PREGUNTA DE REFLEXIÓN

Ahora que sabes que eres un administrador de mucho más que de tus finanzas, ¿Puedes pensar en algunas áreas de tu vida que necesitan la intervención urgente de Cristo?

Ora al Señor

«Padre, primero te quiero dar gracias por amarme tal y como soy. No me has pedido la sanidad y la perfección para venir a mi encuentro. Sin embargo, ahora sé que tienes una vida en abundancia para mí. No quieres que viva sin experimentar la riqueza de Tu presencia en cada cosa que hago. Quiero ser un mayordomo fiel de cada área de mi vida, no dejando que el tiempo pase sin ser consciente de que me quieres como el actor y no como un espectador de mis días. Te lo pido en el nombre de Jesús. Amén».

Memoriza las Escrituras

Antes de iniciar tu estudio personal de esta semana, selecciona el versículo que mejor se relaciona contigo y memorízalo.

- *«No os conforméis a este siglo, sino transformaos por medio de la renovación de vuestro entendimiento, para que comprobéis cuál sea la buena voluntad de Dios, agradable y perfecta»*
  (Rom. 12:2).

- *«¿O ignoráis que vuestro cuerpo es templo del Espíritu Santo, el cual está en vosotros, el cual tenéis de Dios, y que no sois vuestros? Porque habéis sido comprados por precio; glorificad, pues, a Dios en vuestro cuerpo y en vuestro espíritu, los cuales son de Dios»*
  (1 Cor. 6:19-20).

- *«Enséñanos de tal modo a contar nuestros días, que traigamos al corazón sabiduría»*
  (Sal. 90:12).

DISTINGUE ENTRE CREENCIAS Y COMPORTAMIENTOS

DÍA UNO

Hay una diferencia entre las creencias y los comportamientos, que son dos de los aspectos más importantes de nuestra vida. Las creencias son las ideas que consideramos verdaderas, mientras que los comportamientos se refieren a las acciones con base en esas creencias. Si bien la relación entre creencias y comportamientos puede parecer sencilla, es mucho más compleja de lo que parece. Hoy exploraremos la diferencia y la conexión entre las creencias y los comportamientos, y cómo se afectan entre sí.

Las creencias son la base del comportamiento humano. Estas dan forma a nuestro entendimiento del mundo, determinan nuestras decisiones y guían nuestras acciones. Nuestras creencias están influenciadas por una variedad de factores, incluidas las experiencias personales, normas culturales e interacciones sociales. Un reto que tenemos es que muchas de nuestras creencias son inconscientes y permanecen ocultas hasta que situaciones de la vida las hacen salir.

Por otro lado, los comportamientos son las acciones que tomamos en respuesta a nuestras creencias. Los comportamientos pueden ser afectados por una variedad de factores, que incluyen nuestras emociones y lo que está pasando en nuestro entorno.

Como vimos antes, debemos empezar cambiando nuestras creencias negativas por otras positivas. Necesitamos una transformación completa de nuestro interior. El apóstol Pablo nos recuerda la transformación que debemos hacer al dejarnos renovar desde adentro: **«No os conforméis a este siglo, sino transformaos por medio de la renovación de vuestro entendimiento, para que comprobéis cuál sea la buena voluntad de Dios, agradable y perfecta»** (Rom. 12:2).

Un elemento para tomar en cuenta es que en algunas áreas tenemos excelentes creencias, pero comportamientos autodestructivos. Por ejemplo, la mayoría piensa que hacer deporte y comer saludablemente es importante para nuestra salud. De hecho todos los doctores te recomendarán estos hábitos. Sin embargo, muchas personas tienen un estilo de vida sedentario, comiendo muy a menudo comidas rápidas o mal balanceadas. Las estadísticas de obesidad indican que cerca de 40 % de los adultos y 18.5 % de los menores en una nación encuestada padecen de obesidad, y el aumento en las tasas de obesidad es alarmante. De hecho, en menos de dos décadas, la tasa de obesidad entre los adultos aumentó 30 %, en tanto que entre los menores aumentó un 33 %.[17]

En todas las áreas de la vida podríamos aplicar la misma idea de tener excelentes creencias, pero comportamientos que no nos ayudan en lo absoluto. Pensemos en otro ejemplo en el área de las finanzas. Si preguntáramos a un grupo de personas acerca de los beneficios del ahorro, la mayoría no dudaría en mencionar lo importante de ahorrar dinero para estar preparado para emergencias o algún proyecto. Sin embargo, recordarás que el 71 % de una nación encuestada no ha ahorrado para una emergencia de un precio medianamente elevado o el 40 % no tiene ahorrado ni siquiera para una emergencia de costo mesurado. Las emergencias vendrán y para estos grupos

[17] Fuente: Edición número 15 del informe El Estado de la Obesidad: Mejores Políticas para un País más Saludable, publicado por Trust for America's Health (TFAH) y la Fundación Robert Wood Johnson.

la única salida será pedir prestado, incrementando su dependencia de la deuda para solventar sus necesidades.

En pocas palabras: no basta con solo conocer lo correcto, debemos ponerlo en práctica. Vivimos en una era bombardeada con información. No podemos aducir que nos falta información para la toma de decisiones. Al contrario, hay tanta que estamos intoxicados de información, estamos «infoxicados». No necesitamos más información para moldear nuestras creencias, sino *mejor* información. La Palabra de Dios está llena de sabiduría, y la sabiduría podría ser traducida como la capacidad de actuar con sensatez, prudencia o acierto. La Biblia menciona en Proverbios 9:10 que **«el temor de Jehová es el principio de la sabiduría, y el conocimiento del Santísimo es la inteligencia»**. Entre más nos acercamos a Dios y lo conocemos (creencias) entonces aprenderemos a ser sabios (comportamientos). Santiago habla muy claramente de la bendición de poner en práctica la Palabra:

> **«Pero sed hacedores de la palabra, y no tan solamente oidores, engañándoos a vosotros mismos. Porque si alguno es oidor de la palabra pero no hacedor de ella, este es semejante al hombre que considera en un espejo su rostro natural. Porque él se considera a sí mismo, y se va, y luego olvida cómo era. Mas el que mira atentamente en la perfecta ley, la de la libertad, y persevera en ella, no siendo oidor olvidadizo, sino hacedor de la obra, este será bienaventurado en lo que hace»** (Sant. 1:22-25).

«No se contenten solo con escuchar la palabra, pues así se engañan ustedes mismos. Llévenla a la práctica. El que escucha la palabra, pero no la pone en práctica es como el que se mira el rostro en un espejo y, después de mirarse, se va y se olvida en seguida de cómo es. Pero quien se fija atentamente en la ley perfecta que da libertad, y persevera en ella, no olvidando lo que ha oído, sino haciéndolo, recibirá bendición al practicarla».
(Sant. 1:22-25 NVI)

PREGUNTA DE REFLEXIÓN

¿Cuáles son algunas «creencias positivas» que tienes donde no estás aplicando comportamientos adecuados? Piensa en áreas como salud, educación, administración de tu tiempo, disciplinas espirituales y personales, entre otras.

Ora al Señor

«Dios, hoy vengo ante Ti con un corazón humilde. Hasta ahora había pensado que si cambiaba mis hábitos sin entregar mi mente sería suficiente. Dios, no quiero ser un cristiano de apariencias, quiero ser un cristiano que ha rendido toda su vida ante Tus pies. Transfórmame por completo, limpia y sana mis raíces, de manera que cada cosa que haga reflejo una vida en abundancia. Que pueda darte la gloria con mi vida, te lo pido, Jesús. Amén».

APRENDE LAS CUATRO «T'S» DE LA ADMINISTRACIÓN

DÍA DOS

Hoy veremos una forma muy sencilla de recordar cuatro áreas de nuestra vida en las que tenemos que rendir nuestra vida al Señor. Todas ellas empiezan con la letra T, y puedes aprovechar para aprenderlas tú mismo y enseñarlas a tu familia. Detallaremos además en cada una de ellas:

ERES ADMINISTRADOR DE

Tu Tiempo (oportunidades)

Tus Talentos (habilidades)

Tu Templo (cuidado personal)

Tu Tesoro (posesiones)

TU TIEMPO

Todo lo que tenemos es un regalo que Dios ha puesto en nuestras manos para sacarle provecho al máximo. Él no nos quiere estáticos en medio de este mundo tan dinámico que ha creado. Eclesiastés 3:1 dice que **«todo tiene su tiempo, y todo lo que se quiere debajo del cielo tiene su hora»**. Así como hay un tiempo para todo, Dios te diseñó con sumo cuidado, con valor y un propósito. Desde antes de crear el mundo, Él te había pensado para vivir en este tiempo. Por lo mismo debes de ser cuidadoso de cómo usas tu tiempo. Es el tesoro más preciado que tienes.

La Biblia nos describe un poderoso recordatorio en el Salmo 90:12 de que nuestro tiempo es limitado y debemos sacarle el mejor provecho a cada momento: **«Enséñanos de tal modo a contar nuestros días, que traigamos al corazón sabiduría»**. Así que ¿cómo podemos ser buenos mayordomos de nuestro tiempo? Aquí te dejamos algunos principios importantes para tener en mente:

1. **Prioriza a Dios**
   Jesús nos enseñó: **«Mas buscad primeramente el reino de Dios y su justicia, y todas estas cosas os serán añadidas»** (Mat. 6:33). Esto significa que debemos priorizar nuestra relación con Dios por encima de todo. Invierte tu tiempo en oración, en la lectura de la Biblia y adorándole con todo lo que haces.

2. **Sé intencional**
   Pablo escribe: **«Mirad, pues, con diligencia cómo andéis, no como necios sino como sabios, aprovechando bien el tiempo, porque los días son malos»** (Ef. 5:15-16). Debemos ser intencionales en el uso de nuestro tiempo. Muchas veces vivimos en un estado de inconsciencia que hace que desperdiciemos el tiempo en actividades improductivas, en vez de buscar la manera de usarlo en actividades bien seleccionadas, importantes y significativas.

3. **Sirve a otros**
   Pablo también nos recuerda: **«Porque vosotros, hermanos, a libertad fuisteis llamados; solamente que no uséis la libertad como ocasión para la carne, sino servíos por amor los unos a los otros»** (Gál. 5:13). Servir a otros es una poderosa forma de usar nuestro tiempo. Ya sea como voluntario en alguna organización de caridad o ayudando a las personas necesitadas cerca de ti, busca oportunidades para servir a otros. Pero no olvides que debes cuidarte a ti al mismo tiempo. No se puede sacar agua de un recipiente que no ha sido llenado con anticipación.

4. **Descansa**
   Jesús dijo a Sus discípulos: **«Venid vosotros aparte a un lugar desierto, y descansad un poco...»** (Mar. 6:31). Descansar es una parte muy importante de ser un buen mayordomo de nuestro tiempo. Debemos tomar tiempo para recargar nuestras baterías, para estar con los que amamos y para desarrollar pasatiempos en intereses que nos traigan gozo.

TUS TALENTOS

Además de nuestro tiempo, la segunda área en que debemos ser buenos administradores son nuestros dones y talentos. En Mateo 25:14-30, Jesús cuenta la parábola del patrón que confía sus talentos a tres siervos. Dos de ellos invierten el dinero y lo multiplican, mientras que el otro entierra su talento. En esta parábola los talentos son sumas de dinero, sin embargo nos ilustra el hecho de que somos responsables ante Dios por los talentos, las habilidades o los dones que Él nos ha dado. Debemos invertirlos y usarlos para Sus propósitos:

> **«Cada uno según el don que ha recibido, minístrelo a los otros, como buenos administradores de la multiforme gracia de Dios. Si alguno habla, hable conforme a las palabras de Dios; si alguno ministra, ministre conforme al poder que Dios da, para que en todo sea Dios glorificado por Jesucristo, a quien pertenecen la gloria y el imperio por los siglos de los siglos. Amén»** (1 Ped. 4:10-11).

Debemos usar nuestros talentos y dones de muchas maneras diferentes: sirviendo en la iglesia, haciendo voluntariado en nuestra comunidad o ayudando a otros. Lo importante es que usemos nuestros talentos no solo para nuestro beneficio, sino también para el beneficio de los demás. Eso glorifica a Dios.

TU TEMPLO

En tercer lugar, tenemos la responsabilidad de cuidar nuestro cuerpo. 1 Corintios 6:19-20 dice: **«¿O ignoráis que vuestro cuerpo es templo del Espíritu Santo, el cual está en vosotros, el cual tenéis de Dios, y que no sois vuestros? Porque habéis sido comprados por precio; glorificad, pues, a Dios en vuestro cuerpo y en vuestro espíritu, los cuales son de Dios»**. Dios nos ha dado el don de la vida, por lo tanto debemos de ser proactivos al cuidarnos física, mental y espiritualmente. Esto incluye comer una dieta saludable, dormir lo suficiente, hacer ejercicio y evitar sustancias nocivas como las drogas y el alcohol. También significa cuidar nuestra salud mental manejando el estrés y buscando ayuda cuando la necesitamos. Finalmente, debemos nutrir nuestra vida espiritual conectándonos con Dios. Tal como

Pablo expresa: **«Si, pues, coméis o bebéis, o hacéis otra cosa, hacedlo todo para la gloria de Dios»** (1 Cor. 10:31).

TU TESORO

Finalmente la cuarta área es la administración integral de nuestro tesoro. Con esto, estamos aludiendo al tema que desarrollamos a profundidad en este libro: el poner a Dios primero en nuestras finanzas dando generosamente a Él y a los demás, viviendo dentro de nuestras posibilidades, siendo sabios en nuestras inversiones y usando nuestros recursos para promover el reino de Dios. Al hacer estas cosas, podemos estar seguros de que Dios bendecirá nuestros esfuerzos y utilizará nuestros recursos para lograr Sus propósitos.

Eres un ser humano multifacético y tu vida con Dios no incluye solo el espíritu. Te incluye por completo. Todo lo que haces y todo lo que eres pertenece a Dios.

PREGUNTAS DE REFLEXIÓN

Ahora que sabes que tu vida con Dios abarca todas las áreas de tu vida, ¿en qué áreas debes empezar a implementar cambios para glorificar a Dios?

¿Qué talentos tienes «enterrados» que pueden ser de provecho para ti o los que te rodean?

Ora al Señor

«Dios, hoy vengo ante Ti con un deseo de crecer en todas las áreas de mi vida. Mi vida la pongo en Tus manos porque sé que ahí está segura. Yo no quiero ser ese siervo temeroso que enterró los talentos de su maestro y no los invirtió con sabiduría. Ayúdame a cambiar mi manera de pensar, por una manera que esté alineada con la vida en abundancia que hay en Ti. Que mi vida sea un reflejo de Tu mano obrando sobre mí. Todo lo que hago, todo lo que soy y todo lo que tengo, te lo entrego. Amén».

Notas

RECUERDA: ERES LLAMADO A SER LUZ

DÍA TRES

Como cristianos, estamos llamados a ser la luz del mundo, así como Jesucristo fue la luz cuando caminó sobre la tierra. Jesús les dice a Sus seguidores:

> **«Vosotros sois la luz del mundo; una ciudad asentada sobre un monte no se puede esconder. Ni se enciende una luz y se pone debajo de un almud, sino sobre el candelero, y alumbra a todos los que están en casa. Así alumbre vuestra luz delante de los hombres, para que vean vuestras buenas obras, y glorifiquen a vuestro Padre que está en los cielos»** (Mat. 5:14-16).

Este es un mensaje claro que enfatiza la importancia de vivir brillando con la luz de Cristo. Nos llama a ser una influencia positiva para quienes nos rodean, ser una fuente de esperanza y amor, y servir como ejemplo de las enseñanzas de Cristo. Ser la luz del mundo no es un rol pasivo; requiere un compromiso activo con el mundo y su gente. Estamos llamados a ser una luz en todo lo que hacemos y en relación con todos los que nos rodean.

No podemos ser una luz aislados de los demás. Solo en comunidad podemos demostrar el amor de Dios. Ahí, en comunidad, podemos reflejar los valores de Cristo. Ser luz es ser honestos, amables, compasivos y desinteresados. Ser luz es tratar a los demás con respeto y dignidad, independientemente de sus creencias o antecedentes. Ser luz es ser pacificadores y promover la unidad, en lugar de la división. Ser luz es vivir una vida que trae alegría y esperanza a quienes nos rodean.

Ser luz también significa tratar a los demás con amor, tal como lo hizo Jesús. Ser un buen oyente y mostrar compasión a aquellos que están luchando. Ser una fuente de aliento y apoyo, y ayudar a otros a crecer en su fe. Ser luz es todo lo que comparta las buenas nuevas con otros, haciéndolos testigos del poder transformador del amor de Cristo.

En todas nuestras interacciones con los demás, estamos llamados a ser la luz del mundo. Porque Jesús que nos dio nueva vida, es la luz del mundo. Esto significa ser conscientes de nuestras palabras y acciones, y buscar dar gloria a Dios en todo lo que hacemos. Significa también ser una fuente de inspiración para aquellos que pueden estar luchando, y vivir nuestra fe de una manera que acerque a otros a Dios.

> La medida del amor es amar sin medida.
>
> —Agustín de Hipona

Muchas veces alejamos a los demás de Cristo con nuestra forma de ser. Si somos cristianos se debe notar en nosotros la vida que hemos recibido. En ocasiones los inconversos no quieren nada con la fe, porque ven en los cristianos actitudes iguales a las que encuentran en el mundo. Creemos que nuestro cristianismo nos da el derecho de sentirnos superiores que los no cristianos, olvidando que Jesús mismo abrazó al pecador y miró más allá de las acciones. Él vio a un hijo y a una hija cuando nos rescató de nuestro pecado.

1 Juan 1:6-7 nos recuerda que la única forma de tener verdadera comunión, es decir, verdadera unidad con los demás es a través de nuestra vida en la luz. Esta luz es nuestra unidad con Cristo:

> **«Si decimos que tenemos comunión con él, y andamos en tinieblas, mentimos, y no practicamos la verdad; pero si andamos en luz, como él está en luz, tenemos comunión unos con otros, y la sangre de Jesucristo su Hijo nos limpia de todo pecado».**

Todo lo que recibiste de Dios lo recibiste para que seas luz, no para vanagloria. Lo recibiste para amar, amar y amar sin descanso; de la misma forma en que Dios te ama sin descanso.

PREGUNTAS DE REFLEXIÓN

Lee 1 Juan 4:21 y Efesios 5:2. ¿Qué te dicen estos versículos acerca de cómo ser luz por medio del amor de Dios?

Escribe tres formas tangibles de demostrar el amor a quienes te rodean.

Ora al Señor

> *«Señor, haz de mí una luz en medio de los que me rodean. Recuérdame que solo soy una herramienta en Tus manos, que no brillo por luz propia sino por lo que haces en mí. Que cuando vea el odio, la ofensa, la discordia, la tristeza, sea yo aquel que refleje Tu amor, Tu perdón, Tu unidad y Tu alegría. No me diste Tu luz para esconderla, quiero iluminar en donde me encuentre. Gracias por la vida en abundancia que me ofreces, úsame y usa lo que tengo como Tú quieras. En el nombre de Jesús te lo pido. Amén».*

SESIÓN

8 Da con generosidad

Dios nos ha hecho a cada uno de nosotros con una increíble capacidad para dar. Todos damos algo, sea que lo hagamos conscientemente o no. Aun la gente aparentemente egoísta da su tiempo, dinero y pleitesía a quienes aprecian. Realmente, nuestra generosidad es un reflejo de la orientación de nuestro corazón.

La Biblia dice que dar es una parte esencial de la vida cristiana. En ninguna parte de la Escritura se menciona que es una opción solo para los acaudalados o súper espirituales. Dar generosamente debe ser una parte de la forma de vivir del creyente. Todo lo que hacemos tiene que desbordar nuestra vida en abundancia, no vida de escasez.

Es probable que no seas tan generoso como deberías ser. Sería muy fácil que te invada un espíritu de vergüenza, pero ese no es el deseo de Dios: **«Ahora, pues, ninguna condenación hay para los que están en Cristo Jesús...»** (Rom. 8:1). Así que consideremos lo que la Biblia enseña acerca de la generosidad. Debemos ser sensibles al convencimiento del Espíritu Santo (quien nos acerca a Dios), pero conscientemente rechazar cualquier acusación del enemigo.

De todas las variedades de virtud,
la generosidad es la más estimada.

—Aristóteles

PRACTICA EL DAR COMO UNA FORMA DE VIDA

Debemos dar a nuestra iglesia local en específico, como también a otros ministerios cristianos y a los necesitados. Por este tipo de generosidad, el evangelio avanza en palabra y hechos, y las vidas son cambiadas. Pero no solo cambia el que recibe, sino también el que da. Dar no solo revela lo que hay en el corazón de las personas, sino que ayuda también a transformar ese corazón. Por ello, Jesús dijo: **«Más bienaventurado es dar que recibir»** (Hech. 20:35). Dios nos ha dicho que demos no simplemente porque es una forma de ayudar a otros en necesidad, sino porque Él nos ama y sabe lo que es mejor para nosotros.

Dar expone el corazón de la persona porque una vida en abundancia no se puede falsificar. En el Sermón del monte, Jesús dice: **«Y al que quiera ponerte a pleito y quitarte la túnica, déjale también la capa»** (Mat. 5:40). Radical, ¿no es cierto? Todos darían a la persona justa, pero ¿quién daría generosamente a su enemigo? Dios lo hace, mucho más poderosamente a través de la muerte

«Difícilmente habrá quien muera por un justo, aunque tal vez haya quien se atreva a morir por una persona buena». ***(Rom. 5:7 NVI).***

de Su Hijo (Rom. 5:7), pero también de mil formas diferentes cada día. Por lo tanto, así debe ser Su pueblo. Una vida donde la norma de dar es consciente y generosa revela el poder de Dios.

La Biblia nos dice que cada centavo y cada objeto en nuestra posesión pertenecen a Dios, y cuando damos estamos actuando en nombre de Dios. Una vez que comprendamos esto, cada oportunidad de dar sirve como una ocasión para rendirnos al Señor de una forma más profunda, no solo con nuestras finanzas, sino además con nuestra vida entera.

DA SACRIFICIALMENTE

En Lucas 18, encontramos al joven rico buscando a Jesús para ganar la vida eterna. Jesús le dice: **«Aún te falta una cosa: vende todo lo que tienes, y dalo a los pobres, y tendrás tesoro en el cielo; y ven, sígueme»** (v. 22). ¿Puedes pensar en el escándalo que provocaría que un pastor utilizara hoy esa «técnica de evangelismo»? Imagina la escena: un joven profesional rico responde al llamado al altar, camina por el pasillo de una próspera mega iglesia suburbana, le dice al pastor que quiere tener la vida eterna. Pero en lugar de guiar al joven mediante una oración de arrepentimiento y entrega a Cristo, el predicador le dice que primero vaya y coloque su casa en el mercado, venda su lujoso automóvil, se deshaga de la cartera de acciones y dé los ingresos obtenidos a los necesitados. Entonces, estará listo para volverse un seguidor de Cristo. Impensable, ¿no es cierto? Pero esta es la forma en que Jesús desafió al joven rico.

Jesús parece demandar un sacrificio extremo del joven rico, pero no es diferente a lo que Él nos pidió a cada uno de nosotros: **«Así, pues, cualquiera de vosotros que no renuncia a todo lo que posee, no puede ser mi discípulo»** (Luc. 14:33). Somos llamados a rendirlo todo para seguir a Jesús. ¿Alguna vez has considerado eso? El deseo del joven rico por dinero y posesiones excedía su deseo de seguir a Cristo, pero su llamado no era único. Jesús quiere todo tu corazón (Mat. 22:37). No necesitas vender tu casa o vaciar tu fondo de retiro para no aferrarte a las cosas de este mundo, sino que Jesús quiere que coloquemos nuestra identidad y seguridad solo en Él. Dar con gozo y regularidad es una manera de practicar lo que significa rendirse diariamente a Cristo.

RECUERDA: ES MEJOR DAR QUE RECIBIR

El apóstol Pablo escribió a Timoteo: **«Porque los que quieren enriquecerse caen en tentación y lazo, y en muchas codicias necias y dañosas, que hunden a los hombres en destrucción y perdición»** (1 Tim. 6:9). Observa que Pablo escribe «los que quieren enriquecerse», no es un problema de ricos. Nuestro corazón es el problema, no el dinero. Nota también el alto precio que pagan quienes desean la riqueza para sí mismos: «destrucción y perdición». En el versículo 10, Pablo revela que aún algunos «se extraviaron de la fe» porque no podían renunciar al deseo de más dinero. Este es un asunto serio.

¿Te preguntas sobre por qué la Biblia enfatiza tanto el dar? ¿Por qué Dios demanda que demos lo primero y mejor de todo lo que Él nos provee? Dios no necesita nuestras cosas ni nuestro dinero. Él no necesita de nosotros para suplir las necesidades de los pobres. Él podría (y con frecuencia lo hace) hacer eso sin nosotros. Pero Dios nos instruye que demos porque nos ama y sabe que volviéndonos generosos estamos siendo conformados a Su imagen.

Al centrarnos en la vida en abundancia, recuerda que dar no es simplemente otra categoría en tu plan de gastos. Es un acto de adoración, un medio de aproximarnos más a Dios y uno de los privilegios que tenemos como creyentes de unirnos a Dios al compartir Su amor y bondad.

PREGUNTAS DE REFLEXIÓN

¿Cuáles son las excusas más comunes que utilizamos para justificar nuestra falta de generosidad?

Somos llamados a una vida de generosidad. Además de un aumento de la suma de dinero que das, ¿en qué otras áreas de tu vida te puedes volver más generoso?

Ora al Señor

«Gracias, Dios, por la vida en abundancia que me has dado. He recibido mucho de Ti y sé que me lo has dado para multiplicarlo no solo para mi beneficio y el de mi familia, sino además para que sea generoso con los necesitados. Dios, quiero ser participante activo de Tu obra. Permíteme tener un corazón atento para ver dónde estás actuando y correr a esos lugares con un deseo de ayudar, de ser luz y de que recibas gloria cuando esas personas sepan que he sido generoso por el amor que me has tenido y que quieres dar a ellos. Señor, enséñame a ser generoso, en el nombre de Jesús. Amén».

Memoriza las Escrituras

Antes de iniciar tu estudio personal de esta semana, selecciona el versículo que mejor se relaciona contigo y memorízalo.

- *«[El perezoso] todo el día codicia; pero el justo da, y no detiene su mano».*
  (Prov. 21:26)

- *«En todo os he enseñado que, trabajando así, se debe ayudar a los necesitados, y recordar las palabras del Señor Jesús, que dijo: Más bienaventurado es dar que recibir».*
  (Hech. 20:35)

- *«Hay quienes reparten, y les es añadido más; y hay quienes retienen más de lo que es justo, pero vienen a pobreza. El alma generosa será prosperada; y el que saciare, él también será saciado».*
  (Prov. 11:24-25)

APRENDE CÓMO DAR

DÍA UNO

Durante el tercer viaje misionero de Pablo, una de sus prioridades fue hacer una colecta para los creyentes que sufrían en Jerusalén: **«Cada primer día de la semana cada uno de vosotros ponga aparte algo, según haya prosperado, guardándolo, para que cuando yo llegue no se recojan entonces ofrendas»** (1 Cor. 16:2). Podemos deducir varias aplicaciones prácticas a partir de sus instrucciones con respecto a esta colecta.

1. **Da consistentemente**
   Dios entiende que necesitamos dar con frecuencia y de forma constante: **«Cada primer día de la semana».** Necesitamos dar con regularidad para ser atraídos a Cristo.

2. **Da como individuo**
   El dar es responsabilidad de cada hijo de Dios, de **«cada uno de vosotros».** Sea joven o anciano, rico o pobre. La ventaja de dar es para cada persona y cada uno debe participar para disfrutar de las bendiciones de la generosidad.

3. **Aparta para dar**
   Se nos instruye a **«[poner] aparte algo, según haya prosperado, guardándolo».** Si experimentas dificultades para monitorear tu dinero, considera abrir una cuenta separada o usar un frasco en el que deposites lo que darás. Entonces, conforme veas necesidades, ya tendrás dinero listo para satisfacer esas necesidades.

4. **Prioriza dar**
   Tan pronto como recibamos un ingreso, debemos apartar el monto que daremos: **«Honra a Jehová con tus bienes, y con las primicias de todos tus frutos»** (Prov. 3:9). Este hábito nos ayuda a poner primero a Cristo en todo lo que hacemos y a derrotar la tentación de gastar lo que hemos apartado para dar.

5. **Da con premeditación**
   En otra carta enviada a los corintios, Pablo expresa que **«cada uno dé como propuso en su corazón: no con tristeza, ni por necesidad, porque Dios ama al dador alegre»** (2 Cor. 9:7). En oración, debemos dar ejercitando el mismo raciocinio que usamos para seleccionar en dónde trabajar, ahorrar o invertir.

6. **Da humildemente**
   Para experimentar la bendición de Dios, nunca debemos dar para impresionar a la gente: **«Mas cuando tú des limosna, no sepa tu izquierda lo que hace tu derecha, para que sea tu limosna en secreto; y tu Padre que ve en lo secreto te recompensará en público»** (Mat. 6:3-4).

Dios nos ha dado dos manos,
una para recibir y otra para dar.
—Billy Graham.

PREGUNTAS DE REFLEXIÓN

Lee Mateo 23:23; 1 Corintios 13:3; y 2 Corintios 9:7. ¿Qué te dicen estos pasajes acerca de la actitud correcta para dar?

¿Cómo crees que una persona puede desarrollar esa actitud?

Ora al Señor

«Señor, nada se escapa de Tus manos. Tienes dominio sobre todas las cosas que pasan. Para Ti nada es un accidente y quieres que, como hijo Tuyo, pueda planear y ser generoso de manera premeditada, así como has planeado ser generoso conmigo. Permite que yo pueda ser una herramienta en Tus manos y que con humildad reconozca que el ser generoso es algo entre Tú y yo, no es algo para vanagloriarme ante los demás. Ayúdame a reconocer que doy como resultado de la vida en abundancia que me ofreces y no como un requisito para que me ames. Amén».

DESCUBRE LAS BENDICIONES DE LA GENEROSIDAD

DÍA DOS

Evidentemente, los obsequios benefician a quien los recibe. La iglesia continúa su ministerio: el hambriento es alimentado, el desnudo recibe vestido y los misioneros son enviados. Pero en la economía de Dios, los obsequios dados con la actitud apropiada benefician más al dador que al receptor: **«En todo os he enseñado que, trabajando así, se debe ayudar a los necesitados, y recordar las palabras del Señor Jesús, que dijo: Más bienaventurado es dar que recibir»** (Hech. 20:35). Al examinar la Escritura encontraremos cómo se beneficia el dador en cuatro áreas significativas:

1. **Ser generoso te permite crecer en Cristo**
   Por encima de todo debemos dar nuestro corazón a Cristo, porque **«porque donde esté vuestro tesoro, allí estará también vuestro corazón»** (Mat. 6:21). Es necesario entregar cada obsequio a Jesucristo, porque eso atraerá nuestro corazón hacia Él. ¿Recuerdas la recompensa del siervo fiel en la parábola de los talentos? **«Entra en el gozo de tu señor»** (Mat. 25:21). Dar es una de tus responsabilidades como mayordomo, y mientras más fiel seas en cumplir con esa responsabilidad, más entrarás en el gozo de conocer íntimamente a Cristo. No hay nada en la vida que se compare con eso.

2. **Ser generoso te permite crecer en carácter**
   Nuestro Padre celestial quiere de nosotros, Sus hijos, que nos hagamos conforme a la imagen de Su Hijo. El carácter de Cristo es el de un dador generoso. Desafortunadamente, la maldición del pecado ha hecho egoístas a los humanos por naturaleza. Una manera esencial de conformarnos a Cristo es dando con regularidad. Es decir, dar no es la manera en la que Dios recauda fondos; es la forma en la que Dios atrae a las personas para conformarlas a la imagen de Crece Hijo.

3. **Ser generoso te permite aumentar tus riquezas celestiales**
   En Mateo 6:20 leemos: **«... sino haceos tesoros en el cielo, donde ni la polilla ni el orín corrompen, y donde ladrones no minan ni hurtan»**. Dios nos está diciendo que en el cielo tiene Su «banco celestial», en el que podemos invertir para la eternidad. Pablo escribió: **«No digo esto porque esté tratando de conseguir más ofrendas, sino que trato de aumentar el crédito a su cuenta»** (Fil. 4:17, NVI). Cada uno de nosotros tiene una cuenta en el cielo de la cual será capaz de disfrutar por la eternidad. Aun cuando no podremos llevar nada con nosotros cuando fallezcamos, la Escritura nos enseña que podemos hacer «depósitos» a nuestra cuenta celestial antes que vayamos al cielo.

4. **Ser generoso te permitirá crecer**
   Muchos han pasado dificultades por creer que, al dar, recibirán bendiciones en esta vida. Sin embargo, estudia los siguientes pasajes.

   > **«Hay quienes reparten, y les es añadido más; y hay quienes retienen más de lo que es justo, pero vienen a pobreza. El alma generosa será prosperada; y el que saciare, él también será saciado»** (Prov. 11:24-25).
   >
   > **«Pero esto digo: El que siembra escasamente, también segará escasamente; y el que siembra generosamente, generosamente también segará. Cada uno dé como propuso en su corazón: no**

> **con tristeza, ni por necesidad, porque Dios ama al dador alegre. Y poderoso es Dios para hacer que abunde en vosotros toda gracia, a fin de que, teniendo siempre en todas las cosas todo lo suficiente, abundéis para toda buena obra; como está escrito: Repartió, dio a los pobres; su justicia permanece para siempre. Y el que da semilla al que siembra, y pan al que come, proveerá y multiplicará vuestra sementera, y aumentará los frutos de vuestra justicia, para que estéis enriquecidos en todo para toda liberalidad, la cual produce por medio de nosotros acción de gracias a Dios»** (2 Cor. 9:6-11).

Estos versículos enseñan que dar conlleva un crecimiento de las bendiciones de Dios en nuestra vida: **«generosamente también segará»; «teniendo siempre en todas las cosas todo lo suficiente»; «proveerá y multiplicará vuestra sementera, y aumentará los frutos»; «enriquecidos en todo».** Para ser claros, la Escritura no promete bendiciones materiales, aunque Dios es libre de bendecir a Su pueblo en la manera que Él lo decida.

La Palabra de Dios es clara también sobre el propósito del crecimiento material. Si Él bendice nuestras finanzas es para aumentar nuestra generosidad: **«Ustedes serán enriquecidos en todo sentido para que en toda ocasión puedan ser generosos»** (2 Cor. 9:11a, NVI). Si Dios decide bendecirnos con crecimiento material, Él espera que seamos más generosos para Su reino y Sus propósitos.

PREGUNTA DE REFLEXIÓN

Lee Proverbios 11:24-25; Mateo 6:20; Lucas 12:34; y 1 Timoteo 6:18-19. Enumera los beneficios para el dador que se encuentran en cada uno de estos pasajes.

Ora al Señor

«Padre bueno, gracias por las bendiciones que has provisto. Gracias porque prometes abundantes bendiciones espirituales para el que da. Padre, no me dejes caer en el engaño de dar para recibir riquezas terrenales. Dame un corazón que dé por amor, que dé en agradecimiento por lo que has hecho por mí en la cruz. Quiero tener el carácter generoso de Cristo. Ayúdame a compartir con los necesitados de la abundancia que Tú me das, no solo material sino también espiritual. Que pueda compartir alimento, y también Tu amor. En el nombre de Jesús. Amén».

Notas

DETERMINA CUÁNTO DAR

DÍA TRES

Investiguemos qué dice la Biblia sobre cuánto debemos dar. Antes que la ley del Antiguo Testamento fuera dada a los israelitas, hubo dos instancias de dar una suma conocida. En Génesis 14:20, Abraham entregó un diez por ciento —un diezmo— después del rescate de su sobrino Lot; y en Génesis 28:22, Jacob prometió darle a Dios la décima parte de todas sus posesiones, si Dios lo guardaba en el viaje que estaba por realizar.

Con la ley llegó el requerimiento del diezmo. El Señor condena a los hijos de Israel por no diezmar apropiadamente: **«¿Robará el hombre a Dios? Pues vosotros me habéis robado. Y dijisteis: ¿En qué te hemos robado? En vuestros diezmos y ofrendas. Malditos sois con maldición, porque vosotros, la nación toda, me habéis robado»** (Mal. 3:8-9).

Además del diezmo, había otras ofrendas y Dios incluyó varias regulaciones para los pobres. Cada siete años, todas las deudas debían ser perdonadas; cada cincuenta años se debía devolver la tierra a las familias originalmente propietarias. Ciertas reglas de la cosecha permitían que los pobres recogieran detrás de los cosechadores.

En ese tiempo se reguló otro tratamiento significativo para los pobres: **«Cuando haya en medio de ti menesteroso de alguno de tus hermanos en alguna de tus ciudades, en la tierra que Jehová tu Dios te da, no endurecerás tu corazón, ni cerrarás tu mano contra tu hermano pobre, sino abrirás a él tu mano liberalmente, y en efecto le prestarás lo que necesite»** (Deut. 15:7-8). Aun bajo la ley, el alcance de lo que uno debía dar no estaba limitado a un porcentaje fijo, sino que se ajustaba a las necesidades existentes.

En el Nuevo Testamento se nos enseña a dar en proporción a las bendiciones materiales que recibimos. Se nos alienta, también, a dar de manera sacrificada. El diezmo es sistemático y el monto es fácil de computar, pero el peligro del diezmo es que puede ser tratado como una cuenta más que pagar. Dios quiere dadores alegres.

Haz todo el bien que puedas,
por todos los medios que puedas,
en todas las formas que puedas,
en todos los lugares que puedas,
en todo momento que puedas,
a todas las personas que puedas,
siempre que puedas.
—John Wesley

Un peligro que puede suceder si diezmamos es suponer que, al hacerlo, hemos cumplido con nuestras obligaciones de dar. Para muchos cristianos, el diezmo debería ser el principio de su dar, no el límite. ¿Cuál es tu límite? Para responder esta pregunta, primero entrégate a Dios. Sométete a Él. De forma comprometida, busca la voluntad de Dios en cuanto a tu dar. Pídele que te ayude a obedecer los mandatos de Su Espíritu. Estamos convencidos de que debemos diezmar como un mínimo y luego dar por encima del diezmo conforme la provisión de Dios aumente o según Él nos lo indique.

Recuerda que la generosidad debe de estar regada y nutrida por el amor. El amor proviene de Dios, que te da la capacidad de no aferrarte a las riquezas de este mundo, como si estas te dieran poder, seguridad o identidad. Por el contrario, cuando encontramos a Jesús y nos rendimos a Él, aprendemos que esas cosas vienen añadidas a nuestra relación personal con Él. Damos porque Jesús ya lo dio todo por nosotros por amor. Pablo menciona la importancia de añadir el amor a lo que damos: **«Y si repartiese todos mis bienes para dar de comer a los pobres, y si entregase mi cuerpo para ser quemado, y no tengo amor, de nada me sirve»** (1 Cor. 13:3).

PREGUNTA DE REFLEXIÓN

Lee 2 Corintios 8:1-5. Identifica tres principios que pueden influenciarte en la manera que das.

Ora al Señor

«Señor, ayúdame a ser generoso con los que más necesitan. Quiero ser intencional con mis finanzas y que los demás puedan alabarte por mi forma de dar. Señor, sé que todo lo que he recibido viene de Ti y que todo lo que tengo te pertenece. Quiero pedirte que me cambies por dentro y, así, la forma en que uso el dinero sea una expresión de lo que haces por mí. Quiero tener una vida en abundancia que sigue tu ejemplo de generosidad, pues lo diste todo por mí. Dame un corazón que desea dar. Te lo pido en tu nombre, Jesús. Amén».

DECIDE A QUIÉN DEBES DAR

DÍA CUATRO

En la Biblia se nos instruye a dar en dos áreas: el ministerio y los más necesitados

1. **Da al ministerio**

   A través de sus páginas, la Biblia se enfoca en financiar al ministerio. El sacerdocio del Antiguo Testamento recibía financiamiento: **«Y he aquí yo he dado a los hijos de Leví todos los diezmos en Israel por heredad, por su ministerio, por cuanto ellos sirven en el ministerio del tabernáculo de reunión»** (Núm. 18:21).

   Las enseñanzas del Nuevo Testamento sobre financiar al ministerio son igualmente fuertes. Lamentablemente, algunos han enseñado mal a los trabajadores cristianos sobre la pobreza, haciéndoles creer que quienes trabajan en el ministerio cristiano deben ser pobres. Esa posición no es bíblica: **«Los ancianos que gobiernan bien, sean tenidos por dignos de doble honor, mayormente los que trabajan en predicar y enseñar»** (1 Tim. 5:17).

   Dios nunca pretendió que Sus servidores solo «subsistieran». Muchos cristianos se han distraído de su ministerio por no tener un buen respaldo, y otros también se han desviado de la fe por querer vivir en la opulencia. Ambos extremos no son correctos. Algunas personas preguntan si deberían dar solo a su iglesia local. Nuestra respuesta es «no», aunque dar a la iglesia local debe ser lo primero, como muestra tangible de nuestro compromiso hacia ella. Pero deberíamos dar para aquellos que nos impactan con su ministerio: **«El que es enseñado en la palabra, haga partícipe de toda cosa buena al que lo instruye»** (Gál. 6:6).

   Entendemos que algunos no se sientan seguros al apoyar a una iglesia local, principalmente por ocasiones en que se ha dado mal uso de los fondos. Es lamentable que en algunas agrupaciones religiosas el dinero no se destina para ayudar a los necesitados ni para compartir las buenas nuevas de Cristo. Por el contrario, muchas veces se usa para que algunos de sus miembros sean enriquecidos. Te recomendamos que participes de una iglesia local que tenga, como mínimo, la práctica de una entrega anual de estados financieros auditados, donde puedas ver que el dinero es utilizado con transparencia.

La pobreza no la hizo Dios.
La hacemos tú y yo cuando
no compartimos lo que tenemos.

—Madre Teresa de Calcuta

2. **Da a los más necesitados**

   Mateo 25:34-45 enseña una de las más emocionantes verdades. Lee este pasaje cuidadosamente:

   > **«Entonces el Rey dirá [...]: [...] Porque tuve hambre, y me disteis de comer; tuve sed, y me disteis de beber [...].Entonces los justos le responderán diciendo: Señor, ¿cuándo te vimos hambriento, y te sustentamos, o sediento, y te dimos de beber? [...] Y respondiendo el Rey, les dirá: De cierto os digo que en cuanto lo hicisteis a uno de estos mis hermanos más pequeños, a mí lo hicisteis. Entonces dirá también a los de la izquierda: Apartaos de mí, malditos, al fuego eterno [...].**

> **Porque tuve hambre, y no me disteis de comer; tuve sed, y no me disteis de beber; [...]. De cierto os digo que en cuanto no lo hicisteis a uno de estos más pequeños, tampoco a mí lo hicisteis».**

Es un misterio que Jesús, el Creador de todas las cosas, se identifique a sí mismo con los pobres. Cuando colaboramos con los necesitados, estamos compartiendo con Jesús mismo. Si crees que esta afirmación es asombrosa, entonces la afirmación que sigue te parecerá aterradora: cuando no das para los necesitados, dejas a Cristo hambriento y sediento.

Desde el inicio del ministerio de Jesús, Él dio a los pobres de forma consistente. Durante la Cena del Señor, cuando Jesús le dijo a Judas que cumpliera su cometido (traición), los discípulos creyeron que Él estaba enviándolo a comprar la comida necesaria u otra cosa para los pobres. Darle los necesitados era una parte consistente de la vida de Jesús, hasta el punto en que no cabía otra idea en sus mentes:

> **«Pero ninguno de los que estaban a la mesa entendió por qué le dijo esto. Porque algunos pensaban, puesto que Judas tenía la bolsa, que Jesús le decía: Compra lo que necesitamos para la fiesta; o que diese algo a los pobres»** (Juan 13:28-29).

Pablo, al encontrarse con los discípulos para anunciar su ministerio para los gentiles, expresó una particularidad llamativa: **«Solamente nos pidieron que nos acordásemos de los pobres; lo cual también procuré con diligencia hacer»** (Gál. 2:10). Pensemos en todo lo que los discípulos pudieron haber discutido con Pablo. Pero el único requerimiento fue «acordarse de los pobres». ¡Hoy cuánto evitamos recordar lo mismo! Esto nos habla de la importancia del tema.

PREGUNTA DE REFLEXIÓN

Lee Números 18:8-10,24; Gálatas 6:6; y 1 Timoteo 5:17-18. ¿Qué te dicen estos versículos sobre apoyar a tu iglesia y a quienes enseñan la Escritura con tus recursos económicos?

Ora al Señor

«Padre, dame sabiduría para saber dónde y cómo apoyar la obra que realizas por medio de la iglesia y los ministerios cristianos. Permite que esa sabiduría incluya ser ordenado y cuidadoso, pidiendo cuentas acerca del uso de Tus fondos. Es Tu obra y Tu reino el que avanza cuando apoyamos con nuestras finanzas, nuestro tiempo y nuestros talentos. Aléjame de aquel que usa Tu nombre para enriquecerse de manera ilícita. Guíame a líderes piadosos que buscan y predican la vida en abundancia que Tú ofreces. Quiero participar con mis finanzas en ministerios que trabajan con honestidad y transparencia para Ti. Te lo pido en el nombre de Jesús. Amén».

Notas

Sesión

9 Administra fielmente tu hogar

Uno de los retos mayores para ser un mayordomo es el hogar. Sin embargo es también el lugar en donde tenemos un mayor impacto cuando nos dejamos usar como administradores fieles. En el hogar ser indulgente con nosotros mismos es mucho más sencillo. Este es nuestro lugar seguro y sentimos que no tenemos que rendirle cuentas a nadie. Pero como cristianos sabemos que debemos ser fieles a Dios haciendo un uso adecuado de lo que nos ha dado, administrando en particular nuestro hogar.

En el hogar tenemos una gran cantidad de oportunidades de modelar a Cristo como mayordomos. Aparte de nuestro trabajo, nuestra casa es el lugar en donde estamos una mayor cantidad de tiempo (aún más ahora que el trabajo desde el hogar se ha popularizado). En el hogar construimos relaciones con nuestra pareja e hijos. En nuestro hogar somos administradores de las finanzas para el buen manejo del proyecto de familia. En el hogar somos ejemplo del uso sabio de nuestro tiempo. En nuestro hogar es el primer lugar en donde ponemos en uso nuestros dones y talentos. En nuestro hogar es donde estamos llamados a reflejar el amor de Dios a los otros miembros de la familia y a priorizar el discipulado y crecimiento en la fe de todos los miembros.

Posiblemente habrás escuchado el famoso refrán que dice: «Luz en la calle y oscuridad en la casa». Este se usa en nuestra cultura latina para describir a personas o familias que aparentan tener una vida feliz y próspera en público, pero en realidad tienen problemas o conflictos en su vida privada. La expresión se remonta al menos al siglo XVII y se cree que tiene raíces católicas españolas, que valoraban mucho la apariencia pública y desaprobaban la exhibición de conflictos privados en público. Este refrán es una forma de recordarnos que la apariencia no siempre refleja la realidad y que las cosas no siempre son lo que parecen.

Como vimos en el capítulo anterior, estamos llamados a ser luz en cada lugar y nuestro hogar debe tener la más alta prioridad. Este sitio que nos da la oportunidad de desarrollar nuestro carácter luminoso como mayordomos.

Veamos nuestra responsabilidad como padres desde un punto de vista de liderazgo espiritual. Cuando dejamos de hacer nuestro trabajo como mayordomos de la paternidad o maternidad que ha sido asignada sobre nosotros, estamos perdiendo la oportunidad de escuchar a Dios. Nuestro deber es compartir la Palabra de Dios con nuestros hijos, orando y haciendo devocionales bíblicos acorde con su edad. Cuando Dios entregó los mandamientos al pueblo de Israel, hizo énfasis en inculcarlos a los hijos:

> **«Oye, Israel: Jehová nuestro Dios, Jehová uno es. Y amarás a Jehová tu Dios de todo tu corazón, y de toda tu alma, y con todas tus fuerzas. Y estas palabras que yo te mando hoy, estarán sobre tu corazón; y las**

repetirás a tus hijos, y hablarás de ellas estando en tu casa, y andando por el camino, y al acostarte, y cuando te levantes. Y las atarás como una señal en tu mano, y estarán como frontales entre tus ojos; y las escribirás en los postes de tu casa, y en tus puertas» (Deut. 6:4-9).

Si eres un hijo y persona joven, también estas llamado a ser un ejemplo para todos los que te rodean. Como joven tienes derecho a recibir, pero estás llamado a dar también. Mira el recordatorio que Pablo hace a Timoteo:

«Ninguno tenga en poco tu juventud, sino sé ejemplo de los creyentes en palabra, conducta, amor, espíritu, fe y pureza. Entre tanto que voy, ocúpate en la lectura, la exhortación y la enseñanza» (1 Tim. 4:12-13).

La administración de una familia requiere habilidades de gestión y liderazgo, y existen áreas clave que deben ser cuidadas para lograr una familia feliz y funcional. De todas las áreas en las que debemos ser administradores dentro de la familia, rescataremos tres muy importantes: las relaciones entre los miembros, la responsabilidad financiera de proveer y la administración del tiempo dentro de la familia.

1. Ten relaciones familiares saludables tu familia

Uno de los aspectos más importantes de la administración familiar es el manejo de las relaciones entre los miembros. Efesios 6:1-4 dice con respecto a esto:

«Hijos, obedeced en el Señor a vuestros padres, porque esto es justo. Honra a tu padre y a tu madre, que es el primer mandamiento con promesa; para que te vaya bien, y seas de larga vida sobre la tierra. Y vosotros, padres, no provoquéis a ira a vuestros hijos, sino criadlos en disciplina y amonestación del Señor».

La dinámica de la familia puede ser compleja y, en ocasiones, difícil de manejar. Es vital que cada miembro de la familia tenga voz y voto en las decisiones que afectan al grupo. Además, se debe fomentar la comunicación abierta y la empatía entre los miembros de la familia. La gestión de conflictos también es crucial, y es importante que los miembros de la familia aprendan a resolver los problemas de manera efectiva, respetuosa y constructiva. Una familia con relaciones saludables y positivas puede ayudar a sus miembros a desarrollarse y crecer, y una familia saludable es la base para una sociedad saludable.

2. Sé responsable financieramente

Otra área importante de la administración familiar es la responsabilidad financiera. 1 Timoteo 5:8 nos dice al respecto: **«Porque si alguno no provee para los suyos, y mayormente para los de su casa, ha negado la fe, y es peor que un incrédulo»**. Es decir, es función de los padres el proveer a nivel general; sin embargo, es responsabilidad de todos en el hogar el cuidar de los recursos provistos. La gestión del presupuesto familiar es fundamental para garantizar la estabilidad financiera a largo plazo. Es importante que se establezcan objetivos financieros claros, y que se tomen medidas concretas en donde todos participen para alcanzarlos. La familia debe hacer un seguimiento cuidadoso de sus ingresos y gastos, y buscar formas de reducir los gastos y aumentar los ingresos. Además, es importante que se fomente la educación financiera en la familia, especialmente en los niños y jóvenes, para que aprendan a administrar su dinero de manera efectiva, piadosa y responsable.

3. **Administra tu tiempo**
   La administración del tiempo es otra área crucial de la gestión familiar. El don más preciado que hemos recibido es el tiempo. En 1 Pedro 4:10 se nos recuerda la importancia de ser fieles administradores de lo que hemos recibido: **«Cada uno según el don que ha recibido, minístrelo a los otros, como buenos administradores de la multiforme gracia de Dios»**. La familia debe trabajar junta para establecer una rutina diaria y semanal que permita balancear las responsabilidades familiares, el trabajo y el entretenimiento. Es necesario que los miembros de la familia se comprometan a cumplir con sus responsabilidades y a ayudar en las tareas del hogar, lo que puede ayudar a reducir el estrés y mejorar la calidad de vida de todos. Además, se debe fomentar el tiempo de calidad en familia, ya sea a través de actividades recreativas juntos, de tiempos de devoción espiritual o simplemente compartiendo una comida.

PREGUNTAS DE REFLEXIÓN

¿Puedes pensar en algunos cambios puntuales en la gestión del uso del tiempo que puedes implementar para mejorar la calidad de vida de tu familia?

¿Cómo puedes involucrar a los otros miembros de la familia para participar de estos cambios?

Ora al Señor

«Padre, vengo ante Ti pidiéndote sanidad emocional y espiritual para cada uno de los miembros de mi familia. Necesitamos Tu presencia inminente en medio de nosotros. Padre, conformaste a la familia como una parte muy importante de la sociedad y también como la primera iglesia a la que todos asistimos. Muchas veces no he dado el lugar que se merece a la familia y he gastado mi tiempo en cualquier cosa menos valiosa. Ayúdanos para que aprendamos a amarnos y a darnos prioridad como parte de una vida en abundancia. Que podamos servirnos con Tu amor y que cada uno de nosotros dé lo mejor de sí para el beneficio mutuo. En Tu nombre, Jesús. Amén».

Memoriza las Escrituras

Antes de iniciar tu estudio personal de esta semana, selecciona el versículo que mejor se relaciona contigo y memorízalo.

- *«Oye, Israel: Jehová nuestro Dios, Jehová uno es. Y amarás a Jehová tu Dios de todo tu corazón, y de toda tu alma, y con todas tus fuerzas. Y estas palabras que yo te mando hoy, estarán sobre tu corazón; y las repetirás a tus hijos, y hablarás de ellas estando en tu casa, y andando por el camino, y al acostarte, y cuando te levantes. Y las atarás como una señal en tu mano, y estarán como frontales entre tus ojos; y las escribirás en los postes de tu casa, y en tus puertas»*
  (Deut. 6:4-9).

- *«Porque si alguno no provee para los suyos, y mayormente para los de su casa, ha negado la fe, y es peor que un incrédulo»*
  (1 Tim. 5:8).

- *«Mejores son dos que uno; porque tienen mejor paga de su trabajo. Porque si cayeren, el uno levantará a su compañero; pero ¡ay del solo! que cuando cayere, no habrá segundo que lo levante»*
  (Ecl. 4:9-10).

TRABAJA EN EQUIPO

DÍA UNO

En la familia todos tenemos un papel y responsabilidades que cumplir para que todo funcione de manera efectiva y armoniosa. Desde el más pequeño al más adulto, cada uno debe ser partícipe activo del desarrollo y gestión del hogar. Ahora bien, dentro de la familia debemos trabajar en conjunto y no de manera independiente. La Biblia nos recuerda la importancia del trabajo en equipo:

> **«Mejores son dos que uno; porque tienen mejor paga de su trabajo. Porque si cayeren, el uno levantará a su compañero; pero ¡ay del solo! que cuando cayere, no habrá segundo que lo levante. También si dos durmieren juntos, se calentarán mutuamente; mas ¿cómo se calentará uno solo? Y si alguno prevaleciere contra uno, dos le resistirán; y cordón de tres dobleces no se rompe pronto»** (Ecl. 4:9-12).

En la familia, a veces seremos los que caen y necesitan ayuda, en otras ocasiones seremos los que sostienen y brindan asistencia. La responsabilidad de los padres será educar a sus hijos no solo propiciando una educación académica, sino también el fomentar el crecimiento espiritual y el desarrollo de valores para la vida.

Muchos de nosotros en nuestra infancia participamos realizando labores hogareñas, tales como mantener la casa limpia y ordenada, ayudar en la cocina, en su limpieza y en la preparación de alimentos. Algunos otros han tenido la fortuna de aprender además habilidades y oficios manuales, tales como la carpintería, el mantenimiento de casas, incluyendo arreglos eléctricos o de fontanería, la mecánica de vehículos, la costura y creación de prendas de vestir, las manualidades y el arte, la preparación de deliciosas comidas y postres, entre otros tantos talentos.

Esas labores nos enseñaron a desarrollar valores y a crecer como adultos funcionales, además de tener las habilidades necesarias para enfrentar la vida en ámbitos profesionales y personales. Enseñar a los niños a trabajar desde pequeños es algo que se debe introducir poco a poco y de acuerdo con su edad, propiciando que estos tengan también el suficiente tiempo para jugar, hacer sus tareas educativas y disfrutar de su infancia. Podemos rescatar algunos beneficios que se pueden desarrollar cuando enseñamos a nuestros hijos el valor del trabajo:

- **Responsabilidad.** Cuando asignamos tareas específicas y les pedimos que las completen, los niños aprenden a ser responsables de sus acciones y a cumplir con sus compromisos. Por ejemplo, alistar la mesa con la vajilla mientras los padres preparan el almuerzo o bien preparar su propia maleta para un viaje de vacaciones, dándoles una lista de las cosas que no deberían olvidar.
- **Disciplina.** Al tener que cumplir con ciertas tareas todos los días, los niños aprenden a ser disciplinados y a seguir una rutina. Por ejemplo, preparar su almuerzo para llevar a la escuela, limpiar y ordenar su habitación, o tener la responsabilidad de alimentar a las mascotas.
- **Ánimo.** Al completar tareas y expresarles nuestra gratitud por ello, los niños pueden desarrollar una actitud de ánimo en el servicio. Por supuesto, aunado a esto, debemos recordarles con amor que son valiosos por su condición de hijos de Dios, no por sus logros y éxitos. Dios los ama sin importar qué tan alto han llegado.

- **Trabajen juntos en equipo.** Si tienen la oportunidad de trabajar con otros en una tarea, pueden aprender a colaborar y trabajar en equipo. Además, el trabajo en familia ayuda a desarrollar vínculos más fuertes entre padres e hijos.
- **Enseña a tus hijos a valorar su trabajo.** Al ver los resultados de su trabajo y sentir el gusto de haberlo logrado, los hijos pueden aprender a valorar el trabajo y el esfuerzo que se requiere para lograr algo. Así como cuidar las herramientas y materiales necesarios para lograr una labor.
- **Cada miembro del hogar debe ahorrar.** Si son remunerados por su trabajo, los hijos pueden aprender el valor del dinero y la importancia del ahorro. Recomendamos pagar solo por esas labores por las que pagarías a otra persona para realizar. No es lo mejor pagarles por tareas que son su responsabilidad directa, como ordenar su cuarto o participar de la limpieza del hogar.

Ser parte del proyecto familiar requiere que todos hagamos nuestra parte. Tu trabajo como padre de familia es un hermoso regalo de Dios, cargado de una bella responsabilidad de ayudar a tus hijos a crecer y a ser parte integral de la gestión familiar. Debes ayudarles a crecer como individuos en todos los ámbitos de su vida: el espiritual, el emocional, el intelectual y el profesional.

PREGUNTA DE REFLEXIÓN

Lee el Salmo 127:3-4 y Proverbios 4:1; 22:6. ¿Qué te dicen estos versículos acerca de las responsabilidades de los padres y de los hijos en la familia?

Ora al Señor

«Dios, ayúdanos a reconocer nuestra responsabilidad dentro de la familia. Si me pusiste en ella fue con un propósito divino, no para ser una carga sino para bendecirla. Ayúdanos a ser padres piadosos que educamos a nuestros hijos con amor y con rectitud al mismo tiempo, ofreciéndoles lo necesario para desarrollar una vida en abundancia. Como hijos, ayúdanos a reconocer el valor y la importancia de nuestro aporte en la familia, sin importar nuestra juventud. Amén».

ENSEÑA A TUS HIJOS SOBRE EL DINERO

Enseñar a los hijos a usar y administrar el dinero desde una perspectiva de mayordomía cristiana es una tarea importante para los padres. Como hemos visto, la gestión financiera es una tarea que recae en los padres, pero también es una responsabilidad compartida por toda la familia. Nuestro liderazgo como padres es fundamental mientras enseñamos a nuestros hijos y les asignamos algunas tareas de acuerdo con su edad. La meta que deberíamos establecernos es criar a cada niño para que se convierta en un adulto independiente en sus finanzas, que pueda mantenerse por sí mismo.

Veamos algunos consejos y lecciones específicas para educar en mayordomía de acuerdo con su edad.

0-3 AÑOS

Del nacimiento a los tres años, es la etapa en que los padres y lo niños deben entrenarse en la habilidad para decir «no». Es crucial enseñar a nuestros hijos la gratificación postergada, que es esa habilidad para esperar al momento justo por las cosas que desean. Durante estos años, el niño se encuentra en la etapa del «yo, mi, dame». Una aplicación simple es pedirles que esperen para empezar a comer hasta que todos estén sentados y hayamos agradecido por los alimentos. Parece una enseñanza pequeña, pero les enseña el valor de la paciencia.

3-5 AÑOS

Entre los tres y los cinco años, debemos empezar a agregar la responsabilidad dentro de la lista de valores para aprender. Por ejemplo, enseñar a nuestros hijos cómo tender sus camas o doblar las toallas, cosas simples que puedan cumplir. Recuerda enfocar la actividad desde el punto de vista de la participación y no desde la calidad de los resultados, eso vendrá poco a poco mientras practican a diario la actividad. También es una edad cuando a los niños les encanta copiar a mamá y papá, simplemente quieren ser como nosotros. Nuestra responsabilidad es modelar a Jesús frente a nuestros hijos.

Esta es una edad en que los niños empiezan a recibir dinero de sus abuelos y otros familiares, por lo que es importante establecer una rutina con el dinero. Por ejemplo, se puede jugar con dinero de juguete para que ellos puedan aprender a asignar recursos. Una fórmula adecuada para esta edad es guardar el 10 % para dar, 50 % para ahorrar y el resto para utilizar en lo necesario.

5-8 AÑOS

Durante estas edades, los niños pueden salir de la etapa de imitación para desarrollar hábitos de manejo de dinero en rutinas reales. Por ejemplo, la participación en las tareas del hogar. No debe pagarles por estas tareas, ya que estas implican ser parte de una familia. Estas edades son excelentes para capacitar a los hijos aprendiendo labores al lado de los padres, como participar en la limpieza de la cocina, o alimentar a las mascotas. Son años intensos para los padres, pero hay que aprovechar al máximo estas edades en que se están desarrollando.

Una vez que los niños comienzan a asumir otras actividades que benefician a toda la familia, se puede empezar a pagar una mesada. De esta forma, se están volviendo trabajadores a la par de cumplir sus responsabilidades personales. La mesada es un pago por realizar trabajos adicionales en los que los padres requieren ayuda.

Una aplicación práctica para combinar la asignación de responsabilidades y la administración financiera es crear bolsas que estén un algún lugar visible y alcanzable. Se pone una bolsa llamada «Por hacer» y otra llamada «Hecho». Luego se hacen fichas con colores diferentes para cada niño en donde se escribe cada tarea que queremos que cada niño cumpla. Cuando son terminadas, los niños mueven la ficha de una bolsa a la otra. Si alguno de los niños no realiza su tarea, este debe pagar una cantidad pequeña a sus padres. Normalmente, a los niños no les gusta perder su dinero, entonces trabajarán en sus responsabilidades. Esto les enseña el costo y la consecuencia de sus actos.

8-12 AÑOS

Durante esta etapa, se puede introducir el concepto del presupuesto o de dividir el dinero que los niños reciben. Sugerimos tomar tres portalápices o sobres, que tengan escrito «Ahorro», «Gasto» y «Dar». Los niños depositan su dinero dividiéndolo en 10 % para dar, 50 % para ahorrar y el resto para gastar. Cuando alguno de los portalápices o sobres se llenen, el dinero se transfiere a una cuenta bancaria.

Una forma de motivar a nuestros hijos a ahorrar es duplicando el monto de su ahorro. Por ejemplo, si un sobre es llenado con $100, entonces los padres aportan una contra partida de otros $100. Así, el niño puede depositar en su cuenta $200.

En esta etapa se debe establecer el hábito de dar. Algunos niños naturalmente tienen el don de dar. Así que no tomes a la ligera este punto, inicia el hábito desde muy temprano y alienta a tus hijos a orar y buscar oportunidades en las que puedan dar.

Por otro lado también es necesario enseñar el tema del flujo de caja. Se debe enseñar a nuestros hijos a ser consumidores responsables con el dinero apartado para gastar. Puedes asignar algunos artículos de uso personal para que ellos adquieran de ahora en adelante.

Se les debe enseñar el beneficio de buscar el mejor precio por lo que quieren, ya sean comestibles, ropa o zapatos. Es una buena práctica enseñarles a buscar por artículos en tiendas de segunda mano, de manera que aprendan a seleccionar los artículos que necesitan con precios favorables.

12-16 AÑOS

Cuando los jóvenes empiezan a crecer se puede reducir la cantidad de la mesada para comenzar a prepararlos para el día en que requieran un empleo. Una idea que funciona muy bien es colocar anuncios de trabajos del hogar, por los que pagarías a alguien externo para realizar (estos deben incluir el tiempo de entrega y cuánto pagaras por ellos). Por lo general tendrás a algún solicitante. Es importante que reduzcas la cantidad de la mesada, ya que sin este cambio es posible que tus hijos no tengan una motivación para participar de las oportunidades de trabajo.

Otro elemento importante es capacitar a tus hijos con oportunidades de aprendizaje. Si puedes enseñarles tú mismo algunas habilidades está muy bien, pero en otras ocasiones deberás pedir ayuda a otras personas o pagar cursos de capacitación.

En las edades juveniles, ellos pueden empezar a optar por trabajos de verano para ganar algún dinero extra. También podrías motivarlos y ayudarlos a emprender sus propios negocios en pequeña escala, por ejemplo: cuidar niños más pequeños, limpiar algún área de las casas vecinas, hacer algunos postres o manualidades para la venta, o utilizar habilidades en la tecnología para crear sistemas o servicios en la web. Hay muchas opciones más.

Finalmente, recuérdales que si se aplican a sus estudios como si fueran un trabajo, las posibilidades de aplicar a becas de estudio y ganarlas serán más significativas. Así, pueden evitar deudas por atender su educación.

El Salmo 127:4 dice: **«Como saetas en mano del valiente, así son los hijos habidos en la juventud».** En este tiempo, los guerreros hacían sus propias flechas con sumo cuidado. Estas eran una de sus armas más preciadas, pues se usaban en el momento de su defensa. Así, con los hijos, los criamos y los preparamos para que lleguen lejos, para que tengan lo necesario para enfrentar la vida con sabiduría y amor de Dios.

PREGUNTAS DE REFLEXIÓN

Lee 2 Crónicas 34:1-3. ¿Qué dicen estos versículos sobre la habilidad de un niño para servir al Señor?

Enumera algunas formas en las que puedes introducir a tus hijos a la iniciativa empresarial.

Ora al Señor

«Padre, sabes que deseo que mis hijos sean buenos administradores de lo que pondrás en sus manos. Quiero ser fiel educándolos constante e intencionalmente. Permite que encuentre alegría en este proceso, a pesar de que sé que en ocasiones será difícil. Que no caiga en la tentación de darles todo lo que quieran. Yo deseo que tengan una vida en abundancia, con un corazón agradecido y trabajador. Que ellos puedan verme como un buen administrador, para que con mi ejemplo puedan aprender el valor del esfuerzo, del contentamiento y de la generosidad. Amén».

AHORRA PARA LA EDUCACIÓN UNIVERSITARIA

DÍA TRES

Con los costos ya exorbitantes de la universidad, y que siguen subiendo, muchos padres sienten la necesidad de comenzar a ahorrar desde muy temprano, pero no tienen idea de dónde o cómo hacerlo. Aun cuando los hijos son una gran bendición del Señor, tienen sus costos. Uno de los aspectos más caros de criar niños es su educación futura.

Vale la pena tomar en cuenta que en la época en que vivimos existen muchas opciones de estudios técnicos no universitarios. Se pueden tomar carreras técnicas en nuevas tecnologías y servicios que no requieren estudios universitarios. Lo que sí recomendamos es el estudio y preparación académica.

Por otro lado, muchos jóvenes expresan deseos de hacer dinero fácil por medio de plataformas digitales y la creación de contenido. Pero esta tendencia es más una moda que, para la mayoría, no dejará dividendos a largo plazo. Puede ser tomado como un pasatiempo, pero no lo recomendamos como su fuente principal de ingreso.

CONSIDERA LOS COSTOS CRECIENTES DE LA EDUCACIÓN

Aunque la tasa de inflación promedio varía en cada país, la correspondiente a los costos de la educación universitaria se ha más que duplicado en muchos casos. Scott Houser, un socio de Ron Blue & Co., cree que hay dos cosas que los padres necesitan comprender cuando consideren ahorrar para los gastos de educación:

1. Tus hijos deben saber que pagar la educación es tanto su responsabilidad como la de sus padres. Debes tener una conversación con ellos, mientras aún se encuentran en la escuela secundaria, para hacerles saber cuánto puedes aportar para pagar su educación futura. Si encuentran una escuela por esa cantidad, bien; si no, necesitarán la ayuda de becas, asistencia financiera, donaciones para la educación estudiantil a través de programas federales o estatales, trabajos de verano, ahorros personales, empleo durante el periodo escolar o trabajos estudiantiles en el campus.
2. Empiecen a ahorrar ahora. Deberían iniciar pronto, porque el tiempo disponible para que el principio del interés compuesto trabaje en favor de ustedes hace una diferencia abismal en sus resultados eventuales de inversión.

AHORRA PARA FINANCIAR LA EDUCACIÓN

Las becas y donaciones pueden ayudar a costear los gastos de un estudiante. Sin embargo, los padres no pueden depender de esta fuente para financiar todos los gastos de educación de los niños. Los padres deben comenzar a ahorrar para los gastos de educación de sus niños y, para eso, primero necesitan decidir sobre el tipo de cuenta que desean utilizar para los planes de ahorro educativos. Hay varias opciones, pero las siguientes son los tipos de cuenta de ahorro bancarias para la educación más comunes en Estados Unidos (revisa las opciones equivalentes en tu país):

- **La cuenta *Uniform Gift to Minors Act* (UGMA).** Esta clase de cuenta pone la inversión a nombre del niño. Los padres ceden todos los derechos de propiedad; no obstante, los padres retienen el control de los activos hasta que el niño alcance la mayoría de edad (18 o 21 años, en la mayor parte de los Estados).
- ***Coverdell Education Savings Account* (CESA).** Los padres que califican (ingreso familiar bruto menor que $190 000 dólares) pueden contribuir con hasta $2000 dólares por niño al año. La contribución no es deducible de impuestos, pero todos los ingresos en el CESA crecen como impuestos diferidos.
- ***State-Sponsored Prepaid Tuition Plans* (Planes 529).** En general, los planes estatales de matrícula prepagada prometen que su inversión en el plan está garantizada para cubrir la matrícula en cualquier escuela pública en el Estado. Sin importar cuál sea el valor de la matrícula en el momento que tu hijo se inscriba. El precio es fijo, independientemente de los aumentos futuros que puedan ocurrir en el valor de la matrícula estatal.
- ***State-Sponsored College Savings Plans.*** Estos planes han sido establecidos por Estados individuales, pero con frecuencia no requieren que los padres o el estudiante universitario (a diferencia de los planes de matrícula prepagada) sean residentes de ese Estado o que asistan a una universidad en ese Estado. Estos planes han sido preparados para ajustarse a la sección 529 del código tributario. Para información adicional sobre los planes 529, consulta en línea www.collegesavings.org, el sitio web de *College Savings Plan Network*.
- **La manera tradicional.** Es posible que quieras ahorrar para la educación de tus hijos en tu propia cuenta y a tu nombre, en una variedad de instrumentos de inversión: pólizas de seguros y anualidades; inversiones de ingreso fijo (CDs, bonos Serie EE y bonos cupón cero); y fondos mutuos de acciones sin carga. Sin embargo no descartes la idea de que tu hijo pueda asumir una mayor porción del costo de su educación, buscando becas y trabajando durante su educación para pagar a su propio ritmo y manera.
- **Aprendizaje.** Ciertas inclinaciones vocacionales requerirán más capacitación en el trabajo que otras, y el aprendizaje puede poner al alcance de algunos la oportunidad de desarrollar destrezas a cambio de trabajo gratuito o descontándolo de él.

Cómo financiar la educación de tus hijos puede ser la preocupación financiera número uno para los nuevos padres. Nunca es demasiado pronto para que los padres comiencen a planificar la educación de sus hijos, pero necesitan estar informados, orar por sabiduría y discernimiento, y luego empezar. Dios es fiel y Él proveerá, pero Él espera también que los padres sean buenos administradores de los fondos que Él les ha confiado, mediante la preparación anticipada del futuro educativo de sus hijos.

PREGUNTA DE REFLEXIÓN

¿Qué cambios en tu presupuesto podrías o deberías realizar para empezar un ahorro para la educación de tus hijos?

Ora al Señor

«Padre, Tu Palabra dice que, para cada proyecto que inicie, debo sentarme a calcular si tengo lo suficiente para terminar. Aquí estoy ante el reto de ayudar a mis hijos para que reciban una educación universitaria. Padre, sabes que amo a mis hijos y quiero darles lo mejor, así como Tú nos das lo mejor. Permite que como familia trabajemos unidos para lograr este propósito. Danos el valor y la diligencia necesarios para hacer los planes y las acciones necesarios para lograrlo. Ayúdanos a encontrar las mejores opciones y permite que podamos guiar a nuestros hijos a la vida en abundancia que nos ofreces, de manera que dediquen su vida al área que planeaste para ellos. Te lo pido en Tu nombre, Jesús. Amén».

Notas

SESIÓN

10 Define tu legado

Cuando pensamos en dejar un legado, diferentes cosas podrían venir a nuestra mente, desde desarrollar una carrera personal, hasta levantar imperios económicos para la siguiente generación. Muchos padres preparan a sus hijos para que busquen un trabajo remunerado, pero a pesar de que esas ideas son valiosas, lo más importante es que ellos necesitan una relación personal con Jesús. Por supuesto, eso incluye, desde el punto de las finanzas, aprender los principios de Dios para ganar y administrar el dinero. Tu trabajo es fundamental a la hora de que tus hijos y nietos conozcan la vida en abundancia que Jesús ofrece.

PREPARA A TU FAMILA

Un padre dijo una vez a su hija: «Aprender de mis errores es gratis, aprender de los tuyos ¡te costará!». Nosotros no sabemos qué te trajo a este estudio, pero muchos deciden a estudiar este libro porque están luchando con desafíos financieros, del tipo de desafíos que les gustaría evitar para sus hijos. Si sabes lo costoso que puede ser arreglar una ruina financiera, este capítulo te ayudará a pasar un legado a tus hijos, y aun tus nietos, para que puedan conocer los principios financieros de Dios.

Proverbios 22:6 dice: **«Instruye al niño en su camino, y aun cuando fuere viejo no se apartará de él».** Este es un versículo familiar sobre la paternidad. El principio es profundo: si enseñas a tus hijos a distinguir entre lo correcto y lo incorrecto, y los disciplinas cuando sea necesario, desarrollarán un carácter piadoso. Lo opuesto puede ser también cierto: ellos no se apartarán de la mala formación que reciban ni del impacto del entrenamiento que nunca recibieron.

Alrededor del 32 % de las personas con más altos patrimonios netos de una nación encuestada, dicen que no es importante dejar una herencia a sus hijos. Entre los de la generación de la Segunda Guerra Mundial, el porcentaje sube a 45 %.[18]

Sesión DIEZ

[18] Fuente: Ellis, Blake, Herencias: Algunos ultrarricos prefieren la caridad a los hijos [Inheritance: Some ultra-rich pick charity over kids], Junio 18, 2012. Recuperado el 6 de julio de 2023, de https://money.cnn.com/2012/06/18/pf/rich-inheritance/index.htm

RECUERDA: «DIOS NO TIENE NIETOS»

Josué y los israelitas de su generación conquistaron Canaán y, aunque fallaron en obedecer las ordenanzas de Dios, lo conocían a Él y le servían (Jue. 2:7). La generación que siguió a la de Josué fue otra historia:

> **«Y toda aquella generación también fue reunida a sus padres. Y se levantó después de ellos otra generación que no conocía a Jehová, ni la obra que él había hecho por Israel. Después los hijos de Israel hicieron lo malo ante los ojos de Jehová, y sirvieron a los baales. Dejaron a Jehová el Dios de sus padres, que los había sacado de la tierra de Egipto, y se fueron tras otros dioses, los dioses de los pueblos que estaban en sus alrededores, a los cuales adoraron; y provocaron a ira a Jehová»** (Jue. 2:10-12).

En el período de una generación, el pueblo de Israel se había alejado del Señor y de Sus mandamientos, viviendo en la forma que ellos consideraban la mejor. ¡Sería trágico que el mismo patrón se repitiera en nuestra familia hoy! La Biblia es clara en cuanto a que es responsabilidad de los padres piadosos enseñar a sus hijos sobre el Señor; quién es Él, qué Él ha hecho y qué ha prometido y enseñado en Su Palabra.

Es muy importante que enseñes a tus hijos a orar por la guía y provisión del Señor. El Señor quiere demostrar que Él está activamente involucrado en nuestra vida. Una forma en la que Él lo hace es respondiendo a nuestras plegarias. Debido a nuestra sociedad con visión de prosperidad, es frecuente que nos robemos a nosotros mismos esta oportunidad. Podemos comprar cosas o realizar compras sin pedirle al Señor, en oración, que supla por ellas. Necesitamos ser creativos en cómo podemos experimentar la realidad de Dios en el área de nuestra forma de gastar, y necesitamos ser cuidadosos para comunicar ese valor a nuestros hijos.

Finalmente, no desaproveches el tiempo que tienes con tus hijos. Muchas personas dicen que el tiempo en la tierra es corto; sin embargo, en realidad la vida es larga si es bien aprovechada. Sé un modelo a seguir para ellos, ya que aprenderán más por lo que ven que por lo que dices. Asegúrate de comunicar tus valores espirituales y cómo estos han influido en tu vida. Pasa tiempo con ellos y aprovecha estas oportunidades para compartir la fe. Vayan a la iglesia juntos como familia. Practica la gratitud y enséñales a tus hijos a ser agradecidos con Dios. Sé un mentor espiritual para ellos y practiquen juntos la lectura de la Palabra, la oración y la generosidad. Fomenta la autorreflexión y anima a tus hijos a pensar acerca de su propia espiritualidad y a desarrollar su propio camino de fe. Si Dios no te dio la posibilidad de ser padre o madre de familia, recuerda que puedes impactar la vida de muchos jóvenes en tu comunidad, iglesia y familia extendida.

PREGUNTAS DE REFLEXIÓN

Lee Jueces 2:10-12,14. ¿Qué le ocurrió al pueblo de Israel cuando fallaron en enseñar a sus hijos a seguir a Dios?

Enumera cuatro lecciones prácticas que enseñarás a tus hijos para ayudarlos a volverse fieles con el dinero y las posesiones.

Ora al Señor

«Padre bueno, te doy gracias por lo que has hecho en mi vida, por Tu amor que me sostiene y guía. Yo quiero regalar lo mejor que tengo a mis hijos: una relación contigo. Que ellos puedan ver Tu luz en mi vida y, si recordarán algo de mí, que recuerden cuánto me amaste y cuánto te amé. Dame el querer y el hacer para la vida en abundancia que tengo a Tu lado. Te lo pido en el nombre de Tu Hijo, Jesús. Amén».

Memoriza las Escrituras

Antes de iniciar tu estudio personal de esta semana, selecciona el versículo que mejor se relaciona contigo y memorízalo.

- *«Y estas palabras que yo te mando hoy, estarán sobre tu corazón; y las repetirás a tus hijos, y hablarás de ellas estando en tu casa, y andando por el camino, y al acostarte, y cuando te levantes»* *(Deut. 6:6-7).*
- *«Instruye al niño en su camino, y aun cuando fuere viejo no se apartará de él»* *(Prov. 22:6).*
- *«Y vosotros, padres, no provoquéis a ira a vuestros hijos, sino criadlos en disciplina y amonestación del Señor»* *(Ef. 6:4).*

PREPÁRATE PARA PARTIR

DÍA UNO

Cada vez que pensamos en el concepto de la herencia puede ser estresante. Eso suele generarnos un poco de ansiedad. Tanto a nivel personal como profesional, las experiencias positivas son contadas con los dedos de las manos. Sin embargo, Pablo nos dice: **«... no deben atesorar los hijos para los padres, sino los padres para los hijos»** (2 Cor. 12:14); y **«porque si alguno no provee para los suyos, y mayormente para los de su casa, ha negado la fe, y es peor que un incrédulo»** (1 Tim. 5:8).

Así que, tengamos mucho o poco, deberíamos sentarnos a pensar en cómo vamos a proveer para nuestra familia cuando nos vayamos de este mundo. ¿Cuántas familias han perdido fortunas amasadas por los padres cuando fallecieron, sin haber preparado a sus hijos para tomar a su cargo los negocios de la familia? No solo somos administradores de nuestra vida, sino también de la relación que tenemos con nuestro cónyuge y nuestros hijos. Ellos no son nuestros, ni nos pertenecen. Forman parte de los «tesoros» que el Señor nos ha puesto en las manos. No podemos ser irresponsables.

Aquí te dejamos algunos consejos útiles para preparar a la familia para el día de tu partida:

PREPARA A TU PAREJA

Como preparación para tu partida, debes preguntarte: «Si hoy paso a la eternidad, ¿cómo sobrevivirá mi pareja? ¿Tiene una carrera, una profesión? ¿Tenemos un negocio juntos, algunas inversiones? ¿Tengo algún seguro de vida que pueda proveer algún dinero para cuentas pendientes? ¿Cuánto dinero necesitará cada mes para mantener nuestro nivel de vida?» (probablemente alrededor del 75 % de las entradas netas que la familia tiene hoy en día).

Puedes utilizar la **Calculadora de patrimonio neto** disponible en nuestra página de recursos digitales para **Vida en abundancia**: *www.lifeway.com/vidaenabundancia.*

Escanea este código QR para acceder a esta y otras herramientas, videos y ayudas adicionales que te ayudarán a poner en práctica los principios presentados en este estudio.

Ambos deben escribir una carta y colocarla junto con todos los papeles legales que se necesitarán cuando su pareja esté sola. En la carta puedes decir:

1. Que no tome decisiones económicas serias, al menos por un año.
2. Que no tome decisiones basadas en su instinto ni sus emociones.
3. Que busque el consejo de gente de confianza.
4. Anima a tu pareja en su fe.

Luego, escríbele una lista de los papeles legales que has guardado. Ambos deben realizar este proceso, ya que es incierto cuál de los dos partirá primero. Escribir todo eso te puede resultar tedioso en este momento, pero cuando alguien pasa por el golpe emocional de perder a su pareja, se necesitan instrucciones claras y precisas. Más de una herencia se ha derrochado porque la persona que queda no sabe cómo manejar un negocio ni cómo disolverlo para sacar las ganancias.

Finalmente, escribe una lista de todas las personas que deben ser contactadas antes, durante y después del funeral. Coloca su información de contacto y explica en qué se ha comprometido esa persona u organización para ayudar a tu familia. Una persona que ama a tu pareja debe estar comprometida a cuidarla y protegerla antes y después de tu muerte. Sé responsable con el amor de tu vida.

PREPARA A TUS HIJOS

Si en tu país se permite hacer un testamento o algún documento legal para evitar los impuestos y el trámite de sucesión de bienes, ¡hazlo cuanto antes! Un gran porcentaje de personas mueren sin un testamento, embarcando a sus familias en un trámite legal interminable y costoso, incluyendo el famoso «impuesto a la muerte» que se debe pagar al gobierno federal. Estos gastos les podrían representar hasta el 40 % de tus posesiones.

Además de esto, valdría la pena investigar cómo establecer un fideicomiso o algún documento legal que les permita beneficiarse al máximo de la ley y reducir los gastos de transferir tus bienes, primero a tu pareja y luego a tus herederos. Estos documentos muchas veces te permiten tomar decisiones con respecto a temas médicos, por ejemplo desconectar o no las máquinas respiratorias, el cuidado médico en caso de que quedes en estado vegetativo y si eres o no donador de órganos.

Algunas personas creen que no tienen suficientes bienes como para preocuparse por crear un testamento o un fideicomiso. Pero si eres el dueño de tu propia casa, ya tienes suficiente como para preocuparte por hacer algún documento legal.

La primera recomendación y la más segura es hacer un documento legal. Sin embargo, si no tienes la posibilidad de hacer un documento legal, podrías escribir un papel firmado o dejar un vídeo sobre cómo te gustaría que se manejara el asunto de la herencia. Pídeles a tus herederos que honren tu memoria concediéndote los deseos de tu última voluntad. Así te asegurarás de que el proceso de traspaso de bienes de padres a hijos en tu familia se haga de una manera ordenada y exitosa.

Si tus hijos son pequeños, recuerda hablar con algún familiar de confianza para que este se haga cargo de ellos, en caso de que mamá y papá fallezcan al mismo tiempo. De esa manera evitarás que los niños estén sin cuidador fijo y de casa en casa de familiares hasta que se resuelva su tenencia y la patria potestad. Si dejas escrito tus deseos en tu testamento, ahorrarás dolores de cabeza a todo el mundo.

Recuerda incluir en tu herencia a tu iglesia y a las organizaciones de bien social con las que has estado involucrado, aquellas a las que has estado dando con cierta regularidad, o incluso a alguna nueva organización que creas que vale la pena apoyar. Recomendamos separar el 10 % de tu herencia para estos fines.
Mantén a tus hijos informados, dentro de lo posible, sobre tus asuntos económicos. Ellos deberían saber en dónde guardas tus ahorros, cuáles son tus cuentas pendientes y quiénes te deben a ti. Además, tu seguro de vida debería tener lo suficiente como para pagar todas tus deudas y la educación de tus hijos hasta los 18 años.

El mismo lugar donde guardaste tu documentación para tu pareja, podría servir también para tus hijos. Asegúrate de que sepan dónde está guardado. Sabemos que el planear nuestra herencia y lo que pase después de nuestra muerte no es un tema inspirador para la mayoría de nosotros. Pero no todas las responsabilidades son inspiradoras. Algunas simplemente tienen la función de evitarle un problema a la siguiente generación.

Aquí hay una serie de pasos que deberías estar seguro de haber realizado:

1. Incluye a tu pareja en tus asuntos financieros.
2. Educa a tus herederos (tus hijos).
3. Escribe una carta con detalles que tu familia debe saber.
4. Haz un testamento o un plan para traspasar tus bienes.
5. Haz una lista de consejeros para tu familia.
6. Haz un documento con detalles económicos.
7. Establece un seguro de vida.
8. Incluye a tu iglesia y organizaciones de ayuda comunitaria.

PREGUNTA DE REFLEXIÓN

¿Estás listo para tu partida? Es decir, ¿tu pareja e hijos tendrán las instrucciones y los fondos para que tu operación familiar continúe como hasta ahora? ¿Qué componentes te hacen falta? Enuméralos.

Ora al Señor

«Dios, sabes que a veces he sentido que mi eternidad está muy asentada en mi vida terrenal y que nunca tendré que marcharme al cielo. Te quiero pedir el valor y la responsabilidad que necesito para poner todos mis asuntos en orden. Permite que pueda hacer este trabajo con premura, pero con calma a la vez. Gracias por la vida en abundancia que me das y porque sé que me esperas con los brazos abiertos, y cuidarás de los míos cuando me vaya. Amén».

Notas

EVITA LA CONDESCENDENCIA EXCESIVA

DÍA DOS

Cuando se trata de dinero, los padres se encuentran como equilibristas tratando de mantener el balance debido. Pueden caer fácilmente en la tacañería o ser más que condescendientes y, en consecuencia, dificultar el desarrollo del carácter de los hijos al destruir la necesidad por iniciativa y motivación. En el niño crea la expectativa de que reciba cosas sin tener que trabajar ni ahorrar para ellas.

Esta condición expone a los jóvenes a numerosas problemáticas, como el uso de drogas, depresión, frustración (al no cumplir sus metas por falta de preparación y oportunidades), malas relaciones con sus padres o amigos, dependencia indefinida de sus padres, rechazo al no aportar a la sociedad.[19]

DESCUBRE CÓMO MOTIVAR A LOS JÓVENES A ESTUDIAR Y TRABAJAR

Lo primero es que los padres deben ser amorosos, pero no permisivos. Cierta frase dice que «a los niños no les puede faltar nada», sin embargo también debemos entender que «a los niños no se les puede dar todo». Los padres deben brindarles el amor que necesitan y ayudarlos en su proceso de desarrollo. No es adecuado dar a los niños todo lo que quieran, ya que estos deben aprender a valorar lo que tienen y a descubrir que no siempre contarán con lo que desean. Además, desarrollar la capacidad de trabajar por lo que se desea es una valiosa lección de vida: **«El que no quiera trabajar, que tampoco coma»** (2 Tes. 3:10).

Los padres deben ser ejemplo de trabajo y establecer límites con amor. Si los jóvenes ven que sus padres no trabajan, ni luchan por lo que quieren, ni tienen motivaciones o siempre siguen la ruta del mínimo esfuerzo, los jóvenes podrían convertir ese modelo en un ideal incorrecto de vida.

Lo segundo es ayudar a los jóvenes a ponerse metas. Las metas son objetivos que una persona establece para sí misma y trabajará para lograrlas. Cuando ayudamos a un joven en este proceso, le estamos enseñando el concepto de la planeación. Proverbios 21:5 menciona que, al planear, vamos por el buen camino: **«Los pensamientos del diligente ciertamente tienden a la abundancia; mas todo el que se apresura alocadamente, de cierto va a la pobreza».** Aquí hay algunos consejos que pueden ayudar a los jóvenes a establecer metas. Recuerda que son las metas de tus hijos. Los puedes y debes guiar, pero no decidir por ellos:

- **Identifica sus intereses y pasiones:** El primer paso para establecer metas es identificar lo que les importa a tus hijos. Pregúntales qué les gusta hacer, en qué son buenos y qué les apasiona. Esto los ayudará a establecer objetivos que sean significativos y motivadores.
- **Establezcan metas a corto y largo plazo:** Las metas pueden ser a corto plazo, como lograr una buena nota en un examen, o a largo plazo, como graduarse de la universidad. Es importante que establezcan ambos tipos de metas para que trabajen hacia algo alcanzable.

[19] Fuente: Tomado de *¿Quiénes son los ninis y cómo combatir el fenómeno?* Seguros SURA Blog, accesado April 2023, https://segurossura.com/co/blog/autonomia/quienes-son-los-ninis-y-como-combatir-el-fenomeno/.

- **Hagan un plan:** Una vez que se han establecido las metas, es importante hacer un plan para alcanzarlas. Esto puede incluir hacer una lista de tareas, establecer un horario o identificar los recursos necesarios para alcanzar cada meta.
- **Sean realistas:** Las metas deben ser alcanzables. Deben poder medirse. Si una meta es demasiado difícil de alcanzar, tus hijos se desmotivarán y se frustrarán. Es importante que los ayudes a establecer metas desafiantes pero alcanzables.
- **Celebren juntos sus logros:** Es importante celebrar los logros, sin importar cuán pequeños sean. Esto ayuda a los jóvenes a mantenerse motivados conforme avanzan hacia sus objetivos. En este punto será valioso enseñarlos a disfrutar del proceso, y no sugerir que la alegría solo se logrará el día en que se logre el objetivo.

Podemos concluir que uno de los deseos de todos los padres de familia es asegurarse de que sus hijos crezcan de manera integral. Primero, deben aprender a amar al Señor por sí mismos, desarrollando valores que les permitan ser funcionales dentro de su ambiente, mientras desarrollan habilidades para todas las áreas de la vida (en lo físico, emocional e intelectual). Esto incluye el ser personas de bien y que se ganen la vida de manera honesta, ya sea emprendiendo en un negocio o colaborando en alguna empresa. Ora por ellos y sé parte de sus vidas de manera amorosa e intencional. Dios te ayudará a dejar un legado que perdure.

PREGUNTA DE REFLEXIÓN

Lee Hebreos 12:7-11. ¿Qué te dice este pasaje acerca de la importancia de la disciplina y tu responsabilidad para brindarla?

Ora al Señor

«Dios, gracias por la bendición que me has dado al darme la responsabilidad de criar hijos. Sabes que quiero darles todo lo que necesitan, pero no quiero malcriarlos dándoles todo lo que quieran. Dame la sabiduría para disciplinarlos mientras crecen, y la fuerza y el carácter para decir "no" cuando lo que me piden les hará más daño que beneficio. Permíteme criarlos con amor en la vida en abundancia que Tú nos das. Permite que con mi ejemplo puedan recibir un legado duradero, un legado para que Tu gloria pase de generación en generación. Amén».

Notas

DEJA UN BUEN LEGADO

DÍA TRES

Dios quiere que Su pueblo enseñe a sus hijos acerca de Él, conforme ellos viven, trabajan y descansan.

> **«Y estas palabras que yo te mando hoy, estarán sobre tu corazón; y las repetirás a tus hijos, y hablarás de ellas estando en tu casa, y andando por el camino, y al acostarte, y cuando te levantes»** (Deut. 6:6-7).

Además, este pasaje hace hincapié en la importancia de transmitir la fe y los valores a las generaciones futuras. Al repetir las enseñanzas de Dios a lo largo del día y en diferentes situaciones, se fortalece la conexión emocional y espiritual con los hijos y comprenden la importancia de la fe en su vida diaria.

No se requiere un currículo formal, ni las aulas no son necesarias, como tampoco hay un requerimiento de edad para empezar. ¡Solo debes enseñar sobre la marcha y marcar sus vidas con la verdad! Dejar un legado a los hijos es importante porque les permite continuar con la tradición de fe y los valores familiares, además de fortalecer un sentido de identidad y pertenencia. Tú, como padre o madre, puedes dejar un legado a tus hijos; por ejemplo, enseñándoles habilidades prácticas, transmitiendo tus valores y dejando un ejemplo de vida comprometido con Dios.

> Si desean dejarles muchas riquezas a sus hijos, déjenlos al cuidado de Dios. No los dejes ricos, sino virtuosos y capacitados.
>
> —San Juan Crisóstomo.

Aunque la vida es extremadamente agitada para muchos de nosotros, este método de «enseñe sobre la marcha» es una manera poderosa para instruir a tus hijos en las cosas del Señor, especialmente sobre los principios financieros de Dios.

¿Ahorras? Muestra a tus hijos cuánto estás ahorrando. ¿Tienes deudas? Enséñales a tus hijos lo costoso que es y cómo estás aprendiendo a pagarlas. ¿Eres generoso? Permite que tus hijos participen contigo del gozo de dar. ¿Disfrutas de las bendiciones de Dios con un corazón agradecido? ¡Que sea evidente! Cada decisión financiera que tomas es una valiosa oportunidad para la enseñanza. Obviamente, la profundidad y sustancia de esta enseñanza dependerá de la edad de tus hijos, pero esto será siempre cierto: no estás preparando a tus hijos para la vida si evitas enseñarles los principios bíblicos para administrar sus finanzas. ¡Y mientras más temprano aprendan, mejor preparados estarán!

DEJA UN LEGADO DURARERO

> **«El bueno dejará herederos a los hijos de sus hijos; pero la riqueza del pecador está guardada para el justo»** (Prov. 13:22).

Este versículo nos dice que una persona creyente deja a sus hijos una herencia, pero no describe cuál debe ser esa herencia. Muchos desean dejar dinero a sus hijos o nietos como si fuera caído del cielo. No es que esto esté mal, pero debes considerar un legado que perdure mucho más que el dinero.

La herencia más grande que podemos trasladar a la siguiente generación es un amor por nuestro gran Dios y Su Palabra. Por supuesto, nadie puede «dar» su fe a sus hijos, pero podemos exhibirla a través de nuestras palabras y acciones, mostrando lo que es tener una relación vibrante con Jesús. Cuidadosamente, debemos impartir la sabiduría financiera de Dios en sus vidas. Es mucho más importante obtener sabiduría que riqueza. Recuerda esto: si no has transferido sabiduría primero, toda la riqueza material que puedas transferir probablemente tendrá un impacto poco duradero.

> **«Y vosotros, padres, no provoquéis a ira a vuestros hijos, sino criadlos en disciplina y amonestación del Señor»** (Ef. 6:4).

La capacitación financiera a partir de la Biblia es parte de la «disciplina y amonestación del Señor». La forma en que administramos el dinero mostrará nuestras prioridades y creencias a nuestros hijos. Debemos ser proactivos, sin suponer que automáticamente transferimos los principios de Dios a nuestros hijos.

Los padres deben saber que no hay gozo más grande que ver a sus hijos caminar en la verdad. Pero lo inverso también es verdad: no hay dolor más grande que verlos caminar en el engaño, o hacia la destrucción. Pasa lo que has recibido. Te alentamos a que comiences con tu propia familia, especialmente con tus hijos. ¡Será el legado más grande que puedas dejar!

Tu vida dejará un legado más allá de tus hijos y tu pareja, que impactará la vida de las personas a tu alrededor. Asegúrate de que tu vida refleje los valores y las enseñanzas de Jesucristo, a través de actos de bondad, generosidad y compasión. Compartir el evangelio es una parte muy importante de dejar un legado sabio. Participa en tu iglesia y difunde la Palabra de Dios cada vez que puedas. Vive una vida de integridad, de manera que te recuerden por tu honestidad, ética y fidelidad. Finalmente, puedes dejar un legado usando tus talentos y recursos para servir a Dios y a los demás. Así que, si eres cristiano, haz que se te note hasta que tengas la bendición de ir al cielo.

PREGUNTA DE REFLEXIÓN

Si tus hijos se fueron de casa y sientes que tu legado no ha sido el adecuado, ¿qué crees que puedes hacer hoy para recuperar el tiempo perdido? ¿Qué podrías transformar para que tu legado impacte también la vida de aquellos que te rodean en otros ámbitos?

Ora al Señor

«Dios santo y bueno, quiero ser un reflejo de Tu amor en cada lugar en que me encuentro. Quiero vivir dándote la gloria y cumpliendo Tu propósito en mí. Abre mi entendimiento para no ser solo un oidor de Tu Palabra, sino además un hacedor de ella. Que mi fe sea reflejada con mis obras y que al final de mis días no tenga remordimientos por no haberlo dado todo. Que mis labios hablen de Tu vida en abundancia y que mis manos den de lo mucho que me has dado. Que pueda amar sin medida. Te lo pido en el nombre de Jesús. Amén».

Notas

Sesión

11 Descubre la verdadera riqueza

William Borden[20] nació en Chicago el 1 de noviembre de 1877 en una acaudalada familia que hizo su fortuna en la explotación de plata. Sin embargo, lo que más influenció la crianza de los niños Borden fue la fe en Cristo. Como consecuencia, el pequeño William profesó una fe firme y fuerte desde niño. En su corta vida, rechazó una prometedora carrera en los negocios y una vida cómoda, porque su deseo más profundo era compartir las buenas nuevas con la comunidad musulmana de China.

Antes de ir a la universidad, sus padres querían que tuviera una experiencia educativa de moda en ese momento: un año sabático. Durante ese año, Borden viajó por todo el mundo con Walter Erdman, un recién graduado del Seminario Teológico de Princeton que se había convertido en misionero. Visitaron estaciones misioneras e iglesias en Japón, China, India, Egipto, Siria y Turquía. Borden regresó a los Estados Unidos con un fuerte deseo de honrar a Dios, pero comenzó su carrera en la Universidad de Yale.

Como Borden se sintió llamado a las misiones entre los musulmanes chinos, durante su segundo año en Yale, comenzó un estudio bíblico semanal para evangelizar y discipular a estudiantes difíciles. Su misión dentro de la universidad llevó a que entre 1000 y 1300 estudiantes escucharan el evangelio. Borden estableció una misión en New Haven, Connecticut, que en solo un año enseñaría el evangelio a 17 000 personas y que asistiría a 8000 personas pobres y desatendidas. Durante este tiempo planeó ir al campo misionero después de graduarse.

En 1912, *China Inland Mission* lo aceptó, pero tuvo que terminar sus estudios y ser ordenado antes de ir al campo misionero. Borden entonces viajó a Egipto para prepararse en cultura y lenguas. Sin embargo, contrajo meningitis y murió en 1913, con tan solo 25 años, mientras esperaba viajar a China para cumplir con su llamado misionero.

En su corta vida, Borden vivió según su famosa frase **«sin reservas, sin arrepentimientos, sin vuelta atrás»**, que se ha convertido en un icono de la vocación misionera. La fortuna del joven, de acuerdo con su voluntad, sería distribuida entre *China Inland Mission, Nile Mission Press, Moody Church de Chicago* y varias organizaciones cristianas más. La vida de William fue un reflejo de su amor por Dios, llevando el evangelio a todas partes. Tantas vidas impactadas en pocos años y su testimonio aún sigue siendo ejemplo de un corazón que tenía claro cuál era su prioridad número uno.

[20] Fuente: La información biográfica en esta página fue tomada de: *William Borden: El joven misionero que dejó atrás una herenciamillonaria, Bite Project.* [En línea]. accesado en abril 2023. https://biteproject.com/

A.W. Tozer, en su clásico trabajo La búsqueda de Dios, describe lo serio de nuestro problema de la siguiente forma:

> Nuestros infortunios comenzaron cuando desplazamos a Dios del primer lugar en nuestras vidas, y las «cosas» ocuparon Su lugar. Por eso no tenemos paz, porque hemos quitado a Dios del trono de nuestro corazón y los agresivos usurpadores pelean por el primer lugar. Esto no es una simple metáfora, sino el análisis de nuestra verdadera condición espiritual. Dentro del corazón del hombre hay una raíz de naturaleza pecaminosa que le insta a poseer más, codicia «las cosas» con pasión desenfrenada. Los pronombres posesivos «mi» y «mío» parecen inocentes en letra impresa, pero son de un terrible significado en la vida. Ellos expresan, mejor que mil volúmenes de teología, lo que es la verdadera naturaleza del hombre. Son los síntomas verbales de la más profunda enfermedad humana. Las cosas materiales han echado raíces tan hondas en nuestro corazón que no queremos arrancarlas por temor a morir. Las «cosas» han llegado a ser indispensables, lo que nunca debió haber ocurrido. Los dones de Dios han llegado a ocupar el lugar de Dios y esto, ha trastornado todo el orden de la naturaleza.

SIGUE EL PROPÓSITO ETERNO DE DIOS

En Lucas 16, Jesús cuenta la parábola del mayordomo de un patrimonio, quien estaba a cargo de todos los asuntos de su patrón. Al reconocer que pronto estaría en la calle, el mayordomo ayuda con sus deudas a todas las personas que le debían dinero a su patrón. De esa forma, hace amigos y haya gracia ante quienes probablemente necesitaría en cuanto perdiera su posición.

Esta es una parábola extraña, debido a que el patrón aplaude las acciones deshonestas del mayordomo. Pero el punto de la parábola no es la mala ética del mayordomo. Más bien, es la perspectiva que tuvo. Después de darse cuenta del corto tiempo que tenía, utilizó los recursos a su disposición para preparar su futuro. Esta debe ser nuestra perspectiva también. Nuestro tiempo en esta tierra, en comparación con la eternidad, es menos que un parpadeo. ¿Utilizamos los recursos que Dios nos ha dado como preparación para la eternidad, o los desperdiciamos aquí y ahora como si esta vida lo fuera todo?

Dios es el propietario de todo y, como seguidores de Cristo, hemos sido adoptados como herederos y herederas del Rey:

> **«Bendito el Dios y Padre de nuestro Señor Jesucristo, que según su grande misericordia nos hizo renacer para una esperanza viva, por la resurrección de Jesucristo de los muertos, para una herencia incorruptible, incontaminada e inmarcesible, reservada en los cielos para vosotros»** (1 Ped. 1:3-4).

Es una tontería tratar de superar esa increíble promesa de una herencia eterna, sustituyéndola con los bienes del mundo. Ninguna cantidad ni calidad de seguridad o placer provistos por la riqueza mundana se comparará jamás a las riquezas que Dios provee a Sus hijos. No importa cuánta riqueza adquieras aquí y ahora, nunca será «incorruptible, incontaminada e inmarcesible» como la riqueza otorgada por nuestro Señor a Sus siervos fieles. Similar a William Borden, el misionero y mártir Jim Elliot, escribió en su diario: **«No es un tonto aquel que da lo que no puede retener con tal de ganar lo que no puede perder».**

PREGUNTAS DE REFLEXIÓN

Lee 1 Corintios 4:2. De acuerdo con este versículo, ¿qué se requiere para ser un mayordomo o administrador?

Lee Lucas 16:1-2. ¿Cuál es la queja del hombre contra el mayordomo?

Ora al Señor

«Padre, inspirado por las vidas de tantas personas que lo han dado todo por Tu Hijo Jesús, te pido que me ayudes a ver la riqueza como una herramienta y no como el fin de mi vida. Que pueda ser agradecido con cada bendición material que me das, pero que recuerde que la vida en abundancia está en Ti. Quiero enamorarme más de Ti cada día y, con ese amor, amar a los que me rodean y no a las cosas que me das. Dame una perspectiva eterna para Tu gloria. Amén».

Memoriza las Escrituras

Antes de iniciar tu estudio personal de esta semana, selecciona el versículo que mejor se relaciona contigo y memorízalo.

- *«Tuya es, oh Jehová, la magnificencia y el poder, la gloria, la victoria y el honor; porque todas las cosas que están en los cielos y en la tierra son tuyas. Tuyo, oh Jehová, es el reino, y tú eres excelso sobre todos. Las riquezas y la gloria proceden de ti, y tú dominas sobre todo; en tu mano está la fuerza y el poder, y en tu mano el hacer grande y el dar poder a todos»*
  (1 Crón. 29:11-12).

- *«Pues si en las riquezas injustas no fuisteis fieles, ¿quién os confiará lo verdadero?»*
  (Luc. 16:11).

- *«Su señor le dijo: Bien, buen siervo y fiel; sobre poco has sido fiel, sobre mucho te pondré; entra en el gozo de tu señor»*
  (Mat. 25:23).

RECONOCE A DIOS COMO DUEÑO

DÍA UNO

«Tuya es, oh Jehová, la magnificencia y el poder, la gloria, la victoria y el honor; porque todas las cosas que están en los cielos y en la tierra son tuyas. Tuyo, oh Jehová, es el reino, y tú eres excelso sobre todos. Las riquezas y la gloria proceden de ti, y tú dominas sobre todo; en tu mano está la fuerza y el poder, y en tu mano el hacer grande y el dar poder a todos» (1 Crón. 29:11-12).

En nuestra cultura, los medios de comunicación e incluso las leyes dicen que lo que posees es tuyo. Reconocer a Dios como propietario requiere una transformación del pensamiento y puede ser difícil. Intelectualmente, es fácil creer que Dios posee todo lo que tienes, pero es difícil vivir de acuerdo con esta verdad. Reconocer que Dios posee todo también es importante para el contentamiento. A continuación, te damos algunas sugerencias prácticas para ayudarte a reconocer a Dios como propietario de todo:

- Por los siguientes 30 días, medita sobre 1 Crónicas 29:11-12 cuando despiertes y antes de ir a dormir.
- Sé cuidadoso con el uso de los pronombres personales: sustituye los «mi», «mío» y «nuestro» por «suyo» o «del Señor».
- Por los siguientes 30 días, pide a Dios que te haga consciente de que eres solo un mayordomo.
- Completa el formulario de transferencia de propiedad, que se encuentra en el final de este capítulo. Revisa este documento cada vez que vayas de compras.

SÉ UN BUEN MAYORDOMO

Dios nos ha dado la autoridad para ser mayordomos: **«Le hiciste señorear sobre las obras de tus manos; todo lo pusiste debajo de sus pies»** (Sal. 8:6); y nuestra responsabilidad se resume en **«que cada uno sea hallado fiel»** (1 Cor. 4:2). No obstante, antes de que podamos ser fieles, debemos conocer el carácter y el corazón del Señor a quien representamos. Así como un historiador estudia los diarios personales de una figura histórica para entender cómo sentía y pensaba, así nosotros necesitamos examinar el libro del Creador, la Biblia, para determinar cómo quiere Él que administremos Sus posesiones.

TRANSFERENCIA DE PROPIEDAD

Hecho el __________ **de** ____________________ **del año**

De: ______________________________

Para: El Señor

Por este medio, se transfieren la propiedad de las siguientes posesiones:

Testigos de la propiedad
del Señor sobre estas posesiones:

Administrador(es) de las posesiones:

Este documento no es válido como documento legal para uso de transferencia de propiedad

PREGUNTAS DE REFLEXIÓN

¿A qué conclusión llegaste después de llenar el formulario de transferencia de propiedad? ¿Hubo algunos bienes que te fueron difíciles de entregar al Señor? ¿Por qué?

¿Has experimentado la provisión sobrenatural de Dios? Si es así, comparte tu experiencia con alguien que creas necesita escuchar que Dios también está interesado en sus necesidades.

Ora al Señor

«Hoy hacemos nuestra la oración de David plasmada en 1 Crónicas 29:11-13: "Tuya es, oh Jehová, la magnificencia y el poder, la gloria, la victoria y el honor; porque todas las cosas que están en los cielos y en la tierra son tuyas. Tuyo, oh Jehová, es el reino, y tú eres excelso sobre todos. Las riquezas y la gloria proceden de ti, y tú dominas sobre todo; en tu mano está la fuerza y el poder, y en tu mano el hacer grande y el dar poder a todos. Ahora pues, Dios nuestro, nosotros alabamos y loamos tu glorioso nombre". Amén».

Notas

DELÉITATE EN EL PODER Y LA PROVISIÓN DE DIOS

Además de ser el Creador y propietario, Dios está en control de cada evento:

> **«Te adoramos como el que está por sobre todas las cosas»** (1 Crón. 29:11, NTV).
>
> **«Todo lo que Jehová quiere, lo hace, en los cielos y en la tierra, en los mares y en todos los abismos»** (Sal. 135:6).
>
> **«Bendije al Altísimo, y alabé y glorifiqué al que vive para siempre [...]. [...] él hace según su voluntad en el ejército del cielo, y en los habitantes de la tierra, y no hay quien detenga su mano, y le diga: ¿Qué haces?»** (Dan. 4:34-35).
>
> **«Yo Jehová, y ninguno más que yo, que formo la luz y creo las tinieblas, que hago la paz y creo la adversidad. Yo Jehová soy el que hago todo esto»** (Isa. 45:6-7).
>
> Dentro de todo esto, es importante que nos demos cuenta de que nuestro Padre celestial utiliza las circunstancias devastadoras para el bien último en la vida de los santos: **«Y sabemos que a los que aman a Dios, todas las cosas les ayudan a bien, esto es, a los que conforme a su propósito son llamados»** (Rom. 8:28). ¿Cuál es ese bien último? El Señor permite las circunstancias difíciles por al menos tres razones:

1. **Él cumple Sus promesas**
   Esto se ilustra en la vida de José, quien fue vendido como esclavo por sus hermanos celosos cuando era un adolescente: **«Ahora, pues, no os entristezcáis, ni os pese de haberme vendido acá; porque para preservación de vida me envió Dios delante de vosotros. [...] Así, pues, no me enviasteis acá vosotros, sino Dios [...]. Vosotros pensasteis mal contra mí, mas Dios lo encaminó a bien, para hacer lo que vemos hoy, para mantener en vida a mucho pueblo»** (Gén. 45:5,8; 50:20).
2. **Él desarrolla nuestro carácter**
   El carácter santo es algo precioso a la vista de Dios, y Él lo desarrolla durante los tiempos de prueba: **«... y nos gloriamos en la esperanza de la gloria de Dios. Y no solo esto, sino que también nos gloriamos en las tribulaciones, sabiendo que la tribulación produce paciencia; y la paciencia, prueba; y la prueba, esperanza»** (Rom. 5:2-4).
3. **Él disciplina a Sus hijos**
   Cuando somos desobedientes, podemos esperar que nuestro amado Señor nos discipline, con frecuencia a través de circunstancias difíciles que son resultado de nuestras propias acciones. Su propósito es alentarnos a abandonar nuestro pecado y compartir Su santidad: **«Porque el Señor al que ama, disciplina [...]. Y aquellos, ciertamente por pocos días nos disciplinaban como a ellos les parecía, pero este para lo que nos es provechoso, para que participemos de su santidad. Es verdad que ninguna disciplina al presente parece ser causa de gozo, sino de tristeza; pero después da fruto apacible de justicia a los que en ella han sido ejercitados»** (Heb. 12:6,10-11).

DIOS ES TU PROVEEDOR

El Señor promete suplir nuestras necesidades: **«Mas buscad primeramente el reino de Dios y su justicia, y todas estas cosas os serán añadidas»** (Mat. 6:33). El mismo Señor, que alimentó con maná a los hijos de Israel durante sus 40 años por el desierto y que alimentó a 5000 con solo cinco panes y dos pescados, ha prometido proveer para nuestras necesidades. Es el mismo Señor que dijo a Elías: **«... yo he mandado a los cuervos que te den allí de comer. [...] Y los cuervos le traían pan y carne por la mañana, y pan y carne por la tarde; y bebía del arroyo»** (1 Rey. 17:4,6).

Dios es tanto predecible como impredecible. Dios es predecible en Su fidelidad para suplir nuestras necesidades. Lo que no podemos predecir es cómo proveerá. Él utiliza diferentes medios y, con frecuencia, sorprendentes; por ejemplo, un aumento de ingresos, un obsequio o una donación. Él puede proveer una oportunidad para estirar los recursos limitados a través de ofertas en las compras. Sin importar cómo Él decida proveer para nuestras necesidades, Dios es confiable por completo.

Charles Allen cuenta una historia que ilustra este principio. Cuando la Segunda Guerra Mundial se aproximaba a su final, los ejércitos aliados reunieron a muchos huérfanos y los albergaron en campamentos donde eran bien alimentados. Pero, a pesar del excelente cuidado, los huérfanos estaban temerosos y dormían poco. Finalmente, un doctor llegó con una solución. Cuando los niños eran puestos en la cama, le entregaban a cada uno de ellos una pieza de pan para que la sostuvieran. Cualquier niño con hambre podía comer, pero cuando terminaba de comer, todavía tenía esa pieza de pan para sujetarla, no para comerla. Esta pieza de pan produjo resultados maravillosos. Los niños iban a la cama sabiendo, instintivamente, que tendrían alimento para el día siguiente. Esa garantía les daba un sueño reparador. De manera similar, Dios nos ha dado Su garantía, nuestra «pieza de pan», con la cual podemos aferrarnos a Su promesa de provisión, y así podemos relajarnos y estar contentos.

PREGUNTAS DE REFLEXIÓN

Lee Proverbios 21:1; Isaías 40:21-24; y Hechos 17:26. ¿Qué te dicen estos pasajes acerca del control de Dios sobre las personas?

¿Reconoces el control de Dios sobre todos los eventos? Si no, ¿qué te impide reconocerlo?

Ora al Señor

«Padre bueno, estás en control de todas las circunstancias de mi vida, cada cosa que pasa y que no pasa es parte de Tu plan perfecto. Nada te toma por sorpresa y para Ti nada es un accidente. Gracias porque puedo confiar plenamente en Ti, Tu provisión, ayuda y cuidado. Me ves y me das siempre lo mejor. Ayúdame a buscarte y tener la vida en abundancia que me das en Cristo, de manera que en las etapas difíciles tenga la confianza de saber que ahí has estado y siempre estarás a mi lado. Amén».

Notas

ESTÁ ATENTO A LOS PELIGROS DE LA PROSPERIDAD

DÍA TRES

Recuerda que Dios te ama profundamente y quiere disfrutar de una relación estrecha contigo. Debido a Su amor, el Señor revela peligros asociados al dinero que pueden dañar nuestra relación con Él y con otros.

Primero, cuando tenemos grandes riquezas, mantenerlas puede volverse una prioridad. Cuando eso ocurre, nuestro juicio se nubla y podemos hacer elecciones equivocadas. Considera a Abram y su sobrino Lot. Decidieron separarse, por encima de limitar su prosperidad:

> **«Y Abram era riquísimo en ganado, en plata y en oro. [...] También Lot, que andaba con Abram, tenía ovejas, vacas y tiendas. Y la tierra no era suficiente para que habitasen juntos, pues sus posesiones eran muchas, y no podían morar en un mismo lugar. Y hubo contienda entre los pastores del ganado de Abram y los pastores del ganado de Lot; y el cananeo y el ferezeo habitaban entonces en la tierra»** (Gén. 13:2,5-7).

¿Has escuchado la expresión «más dinero, más problemas»? Bueno, en el caso de Abram y Lot, «más ganado, más problemas». No importa si es efectivo, bienes raíces o el número de ovejas que poseas. El dinero en sí mismo no es pecado. Creer que hay algo malo con tener dinero es aceptar los principios antibíblicos del «evangelio de la pobreza» (que para nada son «buenas nuevas»). El dinero nos coloca en una posición vulnerable solo cuando nuestro insaciable deseo de prosperidad determina nuestras acciones, en lugar de la Palabra de Dios.

Además, se vuelve más fácil para aquellos que han alcanzado la prosperidad darle la espalda a Dios:

> **«Porque yo les introduciré en la tierra que juré a sus padres, la cual fluye leche y miel; y comerán y se saciarán, y engordarán; y se volverán a dioses ajenos y les servirán, y me enojarán, e invalidarán mi pacto»** (Deut. 31:20).

Después de hacerse prósperas, algunas personas —no todas— apartan a Dios de sus vidas, pensando que no necesitan más de Él. Pablo instruyó a Timoteo: **«A los ricos de este siglo manda que no sean altivos, ni pongan la esperanza en las riquezas, las cuales son inciertas, sino en el Dios vivo, que nos da todas las cosas en abundancia para que las disfrutemos»** (1 Tim. 6:17). De nuevo, observa cómo lo dice Pablo: el problema no es el dinero sino las personas que fijan sus esperanzas en el dinero. La prosperidad debe quedarse en las manos, no entrar en el corazón.

Igualmente, la riqueza puede ser una barrera para las personas que necesitan reconocer a Jesucristo como su Salvador: **«Entonces Jesús dijo a sus discípulos: De cierto os digo, que difícilmente entrará un rico en el reino de los cielos»** (Mat. 19:23). Esto sucede con aquellos que nunca han conocido la pobreza material y, por lo regular, eso hace que sean menos sensibles a su verdadera pobreza espiritual. Esta es una de las razones por la cual Jesús proclamó: **«Bienaventurados vosotros los pobres, porque vuestro es el reino de Dios»** (Luc. 6:20). El pobre suele entender lo que es tener necesidad y lo que se siente recibir un obsequio inmerecido. Por eso con frecuencia están más preparados para recibir el evangelio que aquellos que jamás han tenido falta de nada.

Servir a Jesús es demandante. Puede significar realmente que tenemos que trabajar tan intensamente por el reino de Dios como lo hacemos para las riquezas terrenales.

—Larry Burkett.

SE UN GRAN PERDEDOR

> **«Y ciertamente, aun estimo todas las cosas como pérdida por la excelencia del conocimiento de Cristo Jesús, mi Señor, por amor del cual lo he perdido todo, y lo tengo por basura, para ganar a Cristo»** (Fil. 3:8).

Esta es la actitud por la que deberíamos luchar: una que encuentra su gozo en conocer a Cristo. Con esa actitud, podemos aceptar que ninguna pérdida terrenal significará más que el valor de tener una relación personal con el Señor de señores. Armados con esta verdad, podemos encontrar contentamiento y gozo en cada aspecto de nuestras vidas. Salomón descubrió: **«Yo he conocido que no hay para ellos cosa mejor que alegrarse, y hacer bien en su vida; y también que es don de Dios que todo hombre coma y beba, y goce el bien de toda su labor»** (Ecl. 3:12-13). El rico de verdad es el que reconoce a Dios como propietario y acepta el llamado a ser un mayordomo temporal, contento con complacer a su patrón.

¿Alguna vez te has sentado a contar los bienes no materiales que hay en tu vida? ¿Tienes salud? ¿Tienes una familia? ¿Amigos en quienes puedas confiar? ¿Una iglesia que es como tu hogar? ¿Tienes un trabajo que te permite utilizar tus dones y talentos? Y, luego, aquellas cosas que tendemos a dar por sentado: ¿tienes un techo sobre tu cabeza? ¿Alimentos para comer? ¿Ropa que vestir? Todos estos son obsequios de Dios y razones para estar agradecidos.

El llamado de Dios para que seamos mayordomos no es simplemente aplicar Su verdad a nuestras vidas para que salgamos de deudas, ahorremos para el futuro o nos hagamos grandes inversionistas. Todo ello es secundario con respecto a Su propósito real para darnos Sus principios financieros. Muchos creen que ser un mayordomo significa ordenar nuestras finanzas de tal forma que podamos gastar en lo que queramos. En realidad, ser un mayordomo significa ordenar nuestras finanzas de tal forma ¡que Dios pueda gastarnos y usarnos en la forma que a Él le parezca! Ese es nuestro gran gozo y privilegio.

PREGUNTAS DE REFLEXIÓN

Lee Deuteronomio 10:14; el Salmo 24:1; y 1 Corintios 10:26. ¿Qué enseñan estos versículos sobre la propiedad de las posesiones?

Lee Levítico 25:23; el Salmo 50:10-12; y Hageo 2:8. ¿Cuáles son algunos de los bienes que pertenecen a Dios?

En oración, evalúa tu actitud hacia las posesiones. ¿Reconoces al verdadero propietario de esas posesiones? Da dos sugerencias prácticas que te ayudarán a reconocer la propiedad de Dios.

Ora al Señor

«Santo Dios, perdóname porque muchas veces he caído en la trampa de que la prosperidad material sea el fin último de mi vida. Caí en el engaño de que el dinero me traería amor, seguridad, libertad y poder; que una cuenta de banco abultada, un automóvil del año y la despensa llena me traerían la vida en abundancia que solo Tú puedes dar. Dios, ahora entiendo que solo en Ti encuentro lo que necesito, y en ese conocimiento puedo disfrutar con gozo los bienes materiales que de Ti recibo. Ellos son Tu regalo y no mi razón de ser. Son útiles, pero no dicen quién soy. Todo lo que soy, tengo y hago es por Tu gracia y misericordia. Te alabo porque has sido bueno conmigo. Gracias. Señor».

Notas

SESIÓN

12 Decide vivir en integridad

En un estudio como este, es fácil sentirse abrumado. Para ser honesto, estas semanas pudieron haber sido una pérdida crucial de tu tiempo si no decides poner en práctica lo que aprendiste. El valor de un estudio como este radica en lo que sucede después. ¿Qué decisiones tomarás después de leer este libro? ¿Hiciste las preguntas de reflexión? ¿Ya aplicaste algunas mejoras en tus finanzas o tu presupuesto?

La inteligencia nos permite aprender conceptos e inclusive memorizarlos, sin embargo la sabiduría que viene de lo alto es la que hace la diferencia. Esta permite que podamos llevar lo aprendido a acciones puntuales y prácticas que nos ayuden a transformar de manera positiva nuestra vida y la de nuestra familia y comunidad. Lo que ocurra, entonces, dependerá de ti.

APRENDE Y PONLO EN PRÁCTICA

> **«Pero sed hacedores de la palabra, y no tan solamente oidores, engañándoos a vosotros mismos. Porque si alguno es oidor de la palabra pero no hacedor de ella, este es semejante al hombre que considera en un espejo su rostro natural. Porque él se considera a sí mismo, y se va, y luego olvida cómo era»** (Sant. 1:22-24).

En este punto, debes tener ya una buena imagen de una vida en la que conoces y aplicas la Palabra de Dios en tus decisiones financieras. Queremos ayudarte no solo a conocer, sino también a hacer. Conforme estructuras tu plan y tomas decisiones, no descartes el consejo de asesores de confianza. La Biblia dice: **«El camino del necio es derecho en su opinión; mas el que obedece al consejo es sabio»** (Prov. 12:15). Busca personas sabias y creyentes que rodeen tu vida con los que puedas contar. Considera pedir ayuda a un amigo de confianza o a un consejero para que te desafíe a permanecer dentro de tu presupuesto y avances paso a paso en tu plan.

Si necesitas más orientación, busca a un mentor que esté listo para asistirte a superar los obstáculos y poner en práctica los principios financieros. Un mentor te dará consejos para permanecer dentro de tu presupuesto y te ofrecerá sugerencias sobre qué asuntos abordar primero: **«Los pensamientos son frustrados donde no hay consejo; mas en la multitud de consejeros se afirman»** (Prov. 15:22).

DEBES TOMAR UNA DECISIÓN: ¿RENUNCIO O ME COMPROMETO?

Una vez que tu plan esté listo, debes comprometerte delante del Señor a cumplirlo. Job dijo: **«Hice pacto con mis ojos; ¿cómo, pues, había yo de mirar a una virgen?»** (Job 31:1). Del mismo modo, para evitar caer en malos hábitos financieros, haz el compromiso con Dios de no volver a cometer los mismos errores y de no permitir que tus planes desfallezcan.

Hacer un pacto es como trazar una línea en el piso. Es marcar un punto sin retorno. Cuando te sientas tentado a hacer concesiones o a rendirte, mira hacia tu pacto. Recuerda quién es Dios, qué ha prometido y por qué hiciste un pacto con Él en primer lugar. Es un poderoso recordatorio de dónde vienes y hacia dónde te diriges. Sin un pacto, solo son buenas intenciones.

Es importante comprender que un pacto es tanto sobre el carácter como sobre las acciones. Piensa de nuevo en Job. Sí, él hizo un pacto con sus ojos (sus acciones), pero también estaba interesado en la calidad de su corazón (su carácter). De la misma forma, tu pacto debe dirigir tu actitud y tus pensamientos, no solo tus planes financieros.

ESCOGE VIVIR CON INTEGRIDAD

La palabra «integridad» viene del latín «integritas», que significa «completitud» o «totalidad». La palabra latina «integritas» se deriva de «integer», que significa «entero» o «completo». En el contexto de la ética y la moral, la integridad se refiere a la cualidad de ser honesto y tener principios morales sólidos y coherentes. Podríamos decir que significa ser el mismo en todas partes.

Como cristianos, la integridad se refiere a vivir una vida en la que nuestros pensamientos, nuestras palabras y nuestras acciones estén en línea con las enseñanzas de Jesús. Es ser fiel a nuestros compromisos y promesas, ser honestos y transparentes en nuestras relaciones y decisiones, y hacer lo correcto incluso cuando nadie nos está mirando.

La integridad no solamente es importante como cristianos, sino también algo que debe definirnos al máximo. Si creemos en Dios, estamos llamados a reflejar Su carácter en todo lo que hacemos. La integridad nos permite ser testigos efectivos de la gracia y el amor de Dios, y nos ayuda a construir relaciones basadas en la confianza y el respeto mutuo. De ahí la importancia de mantener tu integridad en todas las áreas de tu vida, tanto en lo público como en lo privado.

CONSEJOS PARA AYUDARTE A VIVIR UNA VIDA ÍNTEGRA

- **Busca la dirección de Dios:** ora y lee la Biblia regularmente para obtener dirección y sabiduría en tus decisiones y acciones.
- **Sé honesto:** siempre di la verdad y no engañes a los demás. Sé transparente en tus acciones y motivaciones.

- **Cumple tus promesas:** sé fiel a tus compromisos y honra tus promesas, incluso cuando sea difícil o inconveniente.
- **Vive con humildad:** reconoce tus debilidades y errores, pidiendo perdón y buscando la reconciliación.
- **Ama a los demás:** trata a los demás con amor y respeto, como te gustaría ser tratado. Ayuda y apoya a los demás cuando lo necesiten.
- **Sé responsable:** asume la responsabilidad de tus decisiones y acciones, aceptando las consecuencias que resulten de ellas.

Finalmente te invitamos a mantener tu integridad en todas las áreas de tu vida, tanto en lo público como en lo privado.

PREGUNTA DE REFLEXIÓN

¿Qué te ha impactado más de este estudio *Vida en Abundancia*?

¿Tú o tu familia han hecho cambios de estilo de vida durante este estudio? Si es así, comparte los resultados que has tenido hasta ahora con algún amigo o amiga que creas que necesita hacer este estudio.

¿A qué decisiones te está guiando el Señor a hacer con respecto a tu dinero y tu vida?

Ora al Señor

«Padre, estamos casi al final de este estudio, sin embargo el camino apenas empieza. Hay muchas decisiones que tomar, pero sobre todo muchas acciones a realizar. Ayúdame a que lo aprendido no se quede solo en la teoría, dame la gracia de ser una persona que tiene una vida en abundancia. Dios, quiero ser un siervo fiel para Ti en todo lo que haga y, cuando caída, dame la certeza de Tu misericordia y de que estás ahí para ayudarme a levantarme, no para juzgarme. Amén».

Memoriza las Escrituras

Antes de iniciar tu estudio personal de esta semana, selecciona el versículo que mejor se relaciona contigo y memorízalo.

- *«Si sabéis estas cosas, bienaventurados seréis si las hiciereis»* *(Juan 13:17).*
- *«Pero sed hacedores de la palabra, y no tan solamente oidores, engañándoos a vosotros mismos»* *(Sant. 1:22).*
- *«Enséñame, oh Jehová, el camino de tus estatutos, y lo guardaré hasta el fin»* *(Sal. 119:33).*

IMITA AL DIOS DE TODA VERDAD

DÍA UNO

Uno de los atributos de Dios es la veracidad. Una y otra vez, Él es identificado como el Dios de verdad: **«Yo soy [...] la verdad»** (Juan 14:6). En contraste, Juan 8:44 describe el carácter del diablo: **«Vosotros sois de vuestro padre el diablo, y los deseos de vuestro padre queréis hacer. Él ha sido homicida desde el principio, y no ha permanecido en la verdad, porque no hay verdad en él. Cuando habla mentira, de suyo habla; porque es mentiroso, y padre de mentira».** El Señor quiere que nos conformemos a Su carácter honesto más que a la naturaleza deshonesta del diablo: **«Sino, como aquel que os llamó es santo, sed también vosotros santos en toda vuestra manera de vivir; porque escrito está: Sed santos, porque yo soy santo»** (1 Ped. 1:15-16).

La vida de santidad no es un mensaje lejano, para cuando estemos en el cielo celebrando junto a Dios. Es un mensaje que nos motiva hoy mismo a ser sal y luz en medio de un mundo que no tiene sabor y que está perdido en la oscuridad. Nos motiva a que todo lo hagamos con amor y que seamos un reflejo de Cristo, que con Sus acciones nos marcó el camino para entender cómo hacerlo.

Jesús vino al mundo para salvarnos, pero también para mostrarnos cómo llevar una vida santa. Como podemos ver en el Evangelio de Juan: **«Y aquel Verbo fue hecho carne, y habitó entre nosotros (y vimos su gloria, gloria como del unigénito del Padre), lleno de gracia y de verdad»** (Juan 1:14). Al reflexionar en este pasaje podemos ver que la vida de Jesús fue una vida llena de gracia y verdad. No solo gracia, ni solamente verdad, sino ambas al mismo tiempo.

Esa gracia le dijo a la mujer adultera **«Ni yo te condeno», pero la verdad también le dijo: «vete, y no peques más»** (Juan 8:10-11). La gracia invitó a un publicano llamado Zaqueo a almorzar, la verdad motivó a este hombre a dar la mitad de sus bienes a los pobres (Luc. 19:1-10). La gracia lavó los pies de los discípulos, mientras la verdad les dijo: **«vosotros también debéis lavaros los pies los unos a los otros»** (Juan 13:1-17). La gracia invitó a Pedro a saltar del bote y caminar sobre la aguas, la verdad reveló su falta de fe (Mat. 14:22-32). Jesús compartió la verdad lleno de gracia, y ofreció Su gracia lleno de verdad.

Somos mayordomos de los regalos que Dios puso en nuestras manos. Por gracia hemos recibido todo lo que tenemos: vida y tiempo, trabajo, un cuerpo, bendiciones materiales, talentos, relaciones y familia. No siempre tenemos todo, pero somos de muchas formas receptores de la infinita gracia de Dios. Esta gracia nos motiva a mejorar y ser más como Cristo en todo.

Pero la verdad nos solicita que usemos lo que hemos recibido para dar gloria a Dios. La verdad nos hace administradores sabios que no solo usan y consumen las bendiciones de Dios, sino que también desarrollan, multiplican y comparten esas bendiciones. La verdad de Dios y Su integridad en nosotros debe motivarnos a ser testimonios para el mundo a nuestro alrededor. Es un llamado para vivir de tal manera que nuestra vida refleje la verdad del evangelio, de manera que los demás puedan ser atraídos a Cristo a través de nuestro ejemplo de vida.

PREGUNTAS DE REFLEXIÓN

Basado en Proverbios 14:2, ¿puedes ser deshonesto mientras tienes temor de Dios? ¿Por qué sí o por qué no?

De acuerdo con Proverbios 26:28 y Romanos 13:9-10, ¿puedes ser deshonesto y aún amar a tu prójimo? ¿Por qué sí o por qué no?

Ora al Señor

«Padre, gracias por ser un Dios que no solo me ha mostrado la verdad. Eres la verdad en sí misma. Ayúdame a reconocer las mentiras que el mundo me cuenta, y a caminar en la dirección contraria. Permite que tenga la valentía de ser una persona que no tiene temor de decir la verdad, pero permíteme seguir el ejemplo de Tu Hijo Jesús que la compartió con gracia. Padre, que yo pueda ser un instrumento de Tu amor y que mi vida te refleje en todo momento, de manera que la gente te alabe al ver la vida en abundancia que me has dado. Amén».

ESCAPA DE LA TENTACIÓN DE LA DESHONESTIDAD

Durante una clase sobre principios financieros de Dios, que se daba en una escuela secular, un hombre joven alzó su mano y dijo: «A todos nosotros nos gustaría ser la persona de la que usted está hablando, pero sé en mi corazón que si se presenta la oportunidad adecuada, voy a ser deshonesto». Tenía razón. A menos que rindamos nuestra vida al Espíritu Santo, todos seremos deshonestos en un punto u otro.

> **«Digo, pues: Andad en el Espíritu, y no satisfagáis los deseos de la carne. Porque el deseo de la carne es contra el Espíritu, y el del Espíritu es contra la carne; y estos se oponen entre sí, para que no hagáis lo que quisiereis»** (Gál. 5:16-17).
>
> La naturaleza humana actúa con deshonestidad, **«porque de dentro, del corazón de los hombres, salen los malos pensamientos, [...] los hurtos, [...] el engaño...»** (Mar. 7:21-22). El deseo del Espíritu Santo es que seamos honestos. La vida honesta es sobrenatural. Necesitamos someternos a Jesucristo como Señor y permitirle a Él que viva Su vida a través de nosotros. No hay otra forma.

DECIDE VIVIR CON HONESTIDAD ABSOLUTA

Cuando los tiempos se ponen difíciles, puedes verte tentado a cortar el presupuesto y a comprometer tu integridad. Dios nunca nos llama a salir de deudas por cualquier medio posible, sino a hacerlo mediante el sacrificio y la obediencia. Si dejas la honestidad para poner tus finanzas en orden, renuncias a la más grande de todas las bendiciones: tu crecimiento en santidad.

Confiar tus finanzas a Dios no consiste simplemente en contar con Él para que te rescate de las consecuencias de tus errores. Confiar en Dios significa confiar en Él con tus decisiones, rindiendo tu voluntad a lo que Él nos ha dicho en Su Palabra. Eso significa ser honesto en tus tratos y relaciones financieras. Dios bendecirá siempre tu honestidad, aunque no siempre financieramente. Tomar decisiones difíciles, pero honestas, muestra al mundo tus prioridades y glorifica a Dios.

Elegir ser honesto aun cuando pueda afectarte financieramente requiere algo más que solo integridad, requiere un espíritu de sacrificio. El apóstol Pablo escribió: **«Con Cristo estoy juntamente crucificado, y ya no vivo yo, mas vive Cristo en mí; y lo que ahora vivo en la carne, lo vivo en la fe del Hijo de Dios, el cual me amó y se entregó a sí mismo por mí»** (Gál. 2:20). Pablo estaba dispuesto a dejar de lado sus propias necesidades y deseos, aun su propia vida, para hacer la voluntad de Dios. Ese es nuestro llamado también. Morir a uno mismo es radical. Significa que sacrificamos la persona que queremos ser a los ojos del mundo en favor de mostrar a Cristo de forma más brillante. De nuevo la vida de Pablo sirve como un ejemplo maravilloso:

> **«Aunque yo tengo también de qué confiar en la carne. Si alguno piensa que tiene de qué confiar en la carne, yo más: circuncidado al octavo día, del linaje de Israel, de la tribu de Benjamín, hebreo de hebreos; en cuanto a la ley, fariseo; en cuanto a celo, perseguidor de la iglesia; en cuanto a la justicia que es en la ley, irreprensible. Pero cuantas cosas eran**

> **para mí ganancia, las he estimado como pérdida por amor de Cristo. Y ciertamente, aun estimo todas las cosas como pérdida por la excelencia del conocimiento de Cristo Jesús, mi Señor, por amor del cual lo he perdido todo, y lo tengo por basura, para ganar a Cristo»** (Fil. 3:4-8).

La vida de Pablo como fariseo estaba llena de razones para el orgullo. Él se había posicionado para que otras personas lo honraran, y su trabajo solo honraba al Señor en apariencia. Pero cuando se encontró con Cristo en el camino a Damasco, Pablo sufrió una transformación de corazón.

Cuando conocemos a Cristo se refleja en nuestros valores, y lo que valoramos será evidente para todos los que nos vean. Para algunos, sucede un cambio radical cuando se dan cuenta de cómo sus vidas estaban siendo construidas sobre la arena. La buena noticia es que nunca estamos fuera del alcance de Dios. Él es capaz de producir asombrosos cambios de vida. ¿Quieres dejar que Él cambie tu vida hoy?

PREGUNTA DE REFLEXIÓN

Lee Proverbios 3:32; 13:11; y 21:6. ¿Qué te dicen estos versículos sobre la deshonestidad?

¿Qué influye en nosotros para actuar con deshonestidad?

Ora al Señor

«Dios bueno, vengo a Tu presencia para que transformes mi corazón, mi mente y todo mi ser. He aprendido tantas cosas durante este estudio que quiero poner en práctica, pero necesito de Tu ayuda para lograrlo. Ser honesto no es lo más sencillo, pero es lo mejor; es parte de la vida en abundancia. Padre, permite que pueda recibir de Ti el contentamiento para pasar por la puerta estrecha. Dame el valor de pagar lo que debo, de decir la verdad, de cumplir mis promesas, de trabajar arduamente, de no derrochar el tiempo y de vivir por Tu Palabra. Te lo pido en el nombre de Jesús. Amén».

VIVE COMO CIUDADANO DEL CIELO

DÍA TRES

La Escritura nos dice varias cosas acerca de nuestra identidad y nuestro rol en la tierra. Primero, **«nuestra ciudadanía está en los cielos»** (Fil. 3:20). Segundo, **«somos embajadores en nombre de Cristo»** (2 Cor. 5:20), representándolo a Él en todo el mundo que nos rodea.

Imagínate que eres un diplomático en un país que es hostil al tuyo. Naturalmente, quieres aprender sobre este nuevo lugar y familiarizarte con las personas y la cultura. Pero supón que esta experiencia te influencia tanto que comienzas a ver a este país extranjero como tu hogar. Tu lealtad vacila y pronto fallas en presentar los mejores intereses de tu propio país. Ridículo, ¿verdad? Pues eso es lo que hacemos cuando nos olvidamos de que somos mayordomos de Dios aquí en la tierra.

Nunca debemos sentirnos tan cómodos en este mundo como para que nos inhabilite a servir al reino de Dios. Somos extranjeros, extraños y peregrinos en la tierra. Pedro escribió: **«Amados, yo os ruego como a extranjeros y peregrinos, que os abstengáis de los deseos carnales que batallan contra el alma»** (1 Ped. 2:11). Los peregrinos no tienen arraigo. Los viajeros son cuidadosos en no acumular cosas que los agobien. Los peregrinos aprecian las cosas materiales en la medida que ellas son útiles para su misión. Las cosas se pueden volver cadenas alrededor de nuestras piernas que evitan que nos movamos en respuesta a Dios.

Los peregrinos de la fe miran al más allá. Ellos ven las posesiones terrenales como una herramienta útil para los propósitos del reino, pero débil para depositar en ellas su confianza. Thomas à Kempis, autor de la «Imitación de Cristo», lo dijo de esta forma: «Deja que las cosas temporales te sirvan para su uso, pero lo eterno debe ser el objeto de tu deseo». Hay dos principios concernientes a nuestras posesiones que nos ayudarán a que tengamos una perspectiva apropiada sobre ellas:

1. **Todo quedará atrás**
   Después que el adinerado John D. Rockefeller murió, se preguntó a su contador cuánto había dejado el magnate. El contador, sin mucho pensar, contestó: «lo dejó todo». Job lo dijo de esta manera: **«Desnudo salí del vientre de mi madre, y desnudo volveré allá»** (Job 1:21). Pablo escribió sobre la misma idea: **«Porque nada hemos traído a este mundo, y sin duda nada podremos sacar»** (1 Tim. 6:7). El salmista observó:

   > **«No temas cuando se enriquece alguno, cuando aumenta la gloria de su casa; porque cuando muera no llevará nada, ni descenderá tras él su gloria. Aunque mientras viva, llame dichosa a su alma, y sea loado cuando prospere, entrará en la generación de sus padres, y nunca más verá la luz. El hombre que está en honra y no entiende, semejante es a las bestias que perecen»** (Sal. 49:16-20).

2. **Todo será destruido**
   Cuando nuestros ojos están muy enfocados en lo visible, se desvían de lo invisible (2 Cor. 4:18). Las cosas terrenales no durarán para siempre, están destinadas a ser totalmente destruidas. El entender la naturaleza temporal de las posesiones debe influenciarnos en la manera que tomamos decisiones referentes a nuestros gastos:

   > **«Pero el día del Señor vendrá como ladrón en la noche; en el cual los cielos pasarán con grande estruendo, y los elementos ardiendo serán deshechos, y la tierra y las obras que en ella hay serán quemadas.**

Puesto que todas estas cosas han de ser deshechas, ¡cómo no debéis vosotros andar en santa y piadosa manera de vivir» (2 Ped. 3:10-11).

El famoso evangelista D. L. Moody solía decir: «Planea tu vida como si fueras a vivir 100 años... pero vívela como si te fueras a morir esta noche». La realidad de nuestro futuro eterno debe determinar el carácter de nuestra vida presente y el uso de nuestro dinero y nuestras posesiones. El Señor quiere lo mejor para nosotros y por eso quiere motivarnos a invertir nuestra vida en disfrutar una relación íntima con Él y recibir las más grandes recompensas en el cielo.

Uno de los obstáculos más grandes para cumplir con esta meta es la incapacidad de ver nuestros recursos económicos a la luz de los lentes de la eternidad. Las Escrituras declaran que la realidad de nuestro futuro eterno debe determinar el carácter de nuestra vida presente y el uso del dinero y las posesiones.

Las personas que no conocen al Señor miran la vida como un breve intervalo que empieza con el nacimiento y termina con la muerte. Cuando miran hacia el futuro, no pueden ver más allá de su propia vida. Al no tener una perspectiva eterna, piensan que en la vida terrenal está todo y se dicen a sí mismos: «¿Por qué uno debería negarse cualquier placer o posesión?». Las personas que conocen a Cristo, por otro lado, tienen una perspectiva completamente diferente. Sabemos que la vida es el prólogo o el preámbulo del «evento principal». Es el período de prueba que determina mucha de nuestra experiencia en el cielo.

Los analistas financieros deben usar mucho de su tiempo en convencer a las personas para que miren hacia el final del camino y no enfocarse en el día de hoy. «No pienses en este año», ellos te dirán; «planea de aquí a treinta años». La persona sabia, de hecho, piensa en el futuro... y aún mucho más allá de treinta años... ¡treinta millones de años por delante! Alguien alguna vez dijo: «Quien se mantiene en esta vida, pero no toma ningún cuidado para la eternidad, es sabio por el momento, pero es necio para siempre». Jesús dijo, en este sentido: **«Porque ¿qué aprovechará al hombre si ganare todo el mundo, y perdiere su alma?»** (Mar. 8:36).

Esta es la pregunta que te hacemos hoy que llegamos al final de este estudio: ¿estás dispuesto a dejar de lado las cosas de este mundo para dar a Dios el lugar que se merece? Él ya lo dio todo por ti, ahora solo falta que tú abras la puerta de tu corazón para dejar que Él sea quien te guíe y defina tu éxito, tu seguridad, tu poder, tu libertad y que, con Su amor, salgas a mostrar al mundo la plenitud de una vida en abundancia junto a Él.

PREGUNTA DE REFLEXIÓN

Lee el Salmo 90:10,12. ¿Por qué crees que Moisés le pidió a Dios que nos enseñara a enumerar nuestros días?

Dando una mirada honesta a tu vida, ¿estás viviendo con esta perspectiva? ¿Qué es lo que te dificulta para vivir cada día con plenitud?

Ora al Señor

*«Padre, gracias porque he terminado este estudio bíblico de mayordomía integral. Durante 12 semanas he sido retado, probado y muchas de mis creencias fueron derribadas. He visto con más claridad la manera en que quieres que sea administrador de lo que has puesto en mis manos. Has comenzado a cambiar mi comportamiento, pero sé que todavía falta mucho por hacer. Dame el querer y el hacer para no quedarme en deseos, sino también aplicar lo aprendido con acciones claras. Dios bueno, también permíteme verme como un ciudadano del cielo y no arraigarme a las cosas de este mundo. Al final de mis días aquí en la tierra, mi mayor deseo será escuchar de Tu boca: **"Bien, buen siervo y fiel; sobre poco has sido fiel, sobre mucho te pondré; entra en el gozo de tu señor".** Gracias, Señor, por llamarme Tu hijo y por amarme tal cual soy, y también animarme a cambiar lo que no está bien, por mi propio bien. Te alabo y me rindo ante Ti porque no hay otro Dios más que Tú, porque solo en Ti hay vida en abundancia. Amén y amén».*

TE INVITAMOS A CONOCER OTROS ESTUDIOS BÍBLICOS EN NUESTRO CATÁLOGO

Visita lifewayrecursos.com

LA BELLEZA DE LA CRUZ

La belleza de la cruz es un libro que combina todos los aspectos de la realidad para expresar la belleza teológica de la obra redentora de Cristo en la cruz. La belleza, misterio y gloria de la cruz inspiran este estudio corto de teología bíblica. Cada capítulo incluye una invitación a meditar en una obra de arte (pintura, artefacto, escultura, etc.) y busca describir la belleza y misterio de la cruz. Esto lleva a un estudio bíblico en una sección específica de la Escritura. Cada capítulo termina con un corto poema que también refleja la importancia de la cruz y cómo esto nos debe llevar a una vida de servicio y devoción a Cristo. 9781087769790

PALABRA

Palabra ofrece un año de lecciones diseñadas para ayudar a los jóvenes a incrementar su fe y a conectarlos a la Palabra de Dios de una manera intencional. No importa cuántos años tengas, si amas a Jesús eres un discípulo. Pero la calidad de tu discipulado no se mide por lo bien que puedas responder a preguntas, el discipulado consiste en ser transformados a la imagen de Cristo. Esta transformación comienza con la Palabra de Dios y por esta razón Palabra ha sido diseñado cuidadosamente para ayudar a los jóvenes a ser más como Jesús día a día. Incluye 2 manuales para el líder con material para seis meses y 1 bosquejo para el estudiante. 9781087773209

PERFILES

Perfiles - La serie completa incluye todos los volúmenes de la serie Perfiles. Cada uno de los siete volúmenes incluye guías del líder, códigos QR que enlazan ayudas adicionales y videos introductorios para cada sesión, consejos prácticos para el discípulo, y recursos suplementarios gratis disponibles en www.serieunidos.com. *Perfiles* es una serie de siete volúmenes para que una audiencia joven pueda explorar el mensaje de la Biblia utilizando un acercamiento biográfico, así descubriendo cómo la vida de sus personajes apunta a la necesidad de la gracia y el amor de Dios por medio del evangelio de Jesús. Serie completa: 9781087751269 Cada uno: 9781087750910 (5- Jesús)

AMOR EN VERDAD

En este estudio de 9 sesiones, Sean McDowell nos lleva en un viaje a través de la Palabra de Dios para responder a las preguntas más difíciles sobre el amor, el sexo, el género y las relaciones. Él nos da consejos prácticos para llevar una vida de pureza que ame a Dios y a otros tanto con nuestro cuerpo y nuestra alma. Aprenderemos a cómo mostrar amor con aquellos que viven fuera del diseño de Dios. Y descubriremos que, el amor de Dios sana nuestras heridas y Su gracia nos libera de la vergüenza y la culpa de los pecados pasados. 9781087769769

UNIDOS

Unidos ofrece una creciente lista de programas de discipulado para adultos. Cada serie está diseñada para estudiar la Escritura sistemáticamente utilizando diversos métodos didácticos. Cada volumen incluye guías del líder, códigos QR que enlazan ayudas adicionales y videos introductorios para cada sesión, consejos prácticos para el discípulo, y recursos suplementarios gratis disponibles en www.serieunidos.com. La serie completa: Unidos en el evangelio 9781087746470 • Unidos en Jesús 9781087746487 • Unidos con los héroes 978108775134 • Unidos en la fe 9781087780498